歴史文化ライブラリー

383

海軍将校たちの太平洋戦争

手嶋泰伸

吉川弘文館

目　次

太平洋戦争にひそむパラドックス——プロローグ

1 太平洋戦争にひそむパラドックス

なぜ不合理な結果が起きるのか

あるとき、アキレスという足の速い神様と、足の遅い亀とが競走をすることになった。なんのハンディもなく競走しては、足の遅い亀の負けは明らかであるので、亀はアキレスよりもゴールに近い位置からスタートし、アキレスはその亀を追いかけた。アキレスが亀のもといた位置にたどり着いたとき、亀は少し進んでおり、この時点でアキレスは亀に追いつけていない。また、その亀のいた位置にアキレスが到達したとしても、亀はさらに進んでいるので、やはりアキレスは亀に追いつけない。こうして、ゴールにたどり着くまで、アキレスは亀に追いつくことができない。

「ゼノンのパラドックス」として有名な話であるので、ご存知のかたも多いと思う。常識的な物理現象としては、もちろん、この命題の結論は不合理である。だが、高校レベルの数学で登場する等比級数の和の公式を用いるだけで、なんと、このきわめて不合理な命題は証明できてしまうのである。

本書は数学書ではないので、その詳しい証明は省きたい。もし、興味があれば、競走する距離や両者の速さ等を任意に設定し、その証明に挑戦してみるのも面白いだろう。なぜ、『海軍将校たちの太平洋戦争』と題する本書が、こうした数学の命題から話を始めたのかというと、私が、アジア・太平洋戦争中になされた意思決定はまさにそうしたパラドックスのようなものであったのではないかと考えているためである。

正しそうにみえる前提から出発しており、証明の一文一文には、なんらおかしなことがないのにもかかわらず、証明を終えて全体を眺めたとき、そこに現れる結論が不合理であることを、パラドックスという。そうした現象が生じるのは、なにも数学だけではなく、おそらく、どの学問分野でも、時折そうした論文や研究報告に遭遇することはあるだろう。矛盾が生じるのは、前提がそもそもおかしかったり、推論が実は間違っていたりするからであろうし、まれに、意外にも結論のほうが正しいということもある。

アキレスと亀のパラドックスの等比級数を用いた証明において、不合理な結論が導き出されてしまうのは、そもそもの前提として、この命題が両者の関係を、「極限」という考え方に基づいて観察し、無限にミクロレベルで考察してしまったためである。追いつくまでの過程を無限に細分化するため、いつまでもその細分化が終わらずに、追いつき、追いつく瞬間を考えられないのである。そのため、全く違った観点を導入すれば、たとえば、任意の数を設定して中学レベルの数学で習う一次関数で両者の関係を考察すれば、アキレスが亀に追いつき、追い越すことは容易に確認できる。

エリートたちの行動原理

アジア・太平洋戦争では多くの人が犠牲になった。そうした、あまりにも悲惨で愚かな近代日本の結末は、なぜ生じたのであろうか。そうした結末は、そこに行き着くまでの意思決定に携わった政治家・官僚・軍人が、ただ単にどうしようもないほどの愚者であり、彼らが滑稽に思えるほどの非合理的な行動を積み重ねていったがゆえに生じたものであったのだろうか。

彼らは、当時において最高の教育を受けて養成された、国家のエリートたちである。我々が無意味で明白な愚行など決して行わないと考えているのと同じように、彼らもそう考え、すべての行動は彼らなりに、可能な限り「合理的」に決定されていたはずである。

アキレスと亀のパラドックスの証明の一文一文が間違っていないように、多くの場合、彼らはその場その場で、「間違っていない」と考える決定をしていたのである。

ところが、これもアキレスと亀のパラドックスの証明と同じように、そこには欠けている観点があったために、悲惨な結末がまっていたのである。国家主義的な論理や官僚制内部の論理から思考を出発させた彼らの行動には、本書の随所でみていくように、何かしらの「合理的」な理由もしくは「仕方がない」とする判断が存在していた。だが、もし、たとえば、人命や基本的人権の尊重、国民の福利厚生の充実、といった前提から出発すれば、結末は大きく変わっていただろう。

戦後の歴史学において、多くの場合、戦争とそこに至る道程は批判されるべきものであった。そのために、批判をすることに重点が置かれ、当時の政治主体の中にあった「内在的な合理性」といったものは、十分に検討されてこなかったように思われる。だが、批判に終始してしまい、その「内在的な合理性」を検討しなかったとしたら、我々は戦前と同じ道をたどりはしないかと、強く危惧される。

彼らの行動が国家主義的な、もしくは官僚的な一定の合理性に基づいていたとするならば、彼らの「内在的な合理性」を観察せずに、外部から批判だけをする我々は、合理的な決定を積み重ねているつもりでありながら、知らず知らずのうちに、彼らのように悲劇的な結末に至る決定をしてはいないであろうか。さらに、官僚制や政治そのものが、内部にある人の考え方を規定し、なんらかの行動をとらせる傾向があり、それによって彼らが愚かな行為をしたというのであれば、彼らを批判する我々が、無意識に彼らと同じ行動をとる可能性は、さらに高くなってしまう。戦前の政治主体の「内在的な合理性」を観察することによって、我々はより大きな視座、より高位の価値観に基づいて行動することの重要性を、改めて認識できるはずである。

近代日本を語るとき――特に近代日本の戦争を語るとき、バランスのとれた議論を展開するために重要なのは、当時の主体の「内在的合理性」と、それに対する歴史的な評価の両者を、常に念頭に置くことである。彼らの主観的な意識を、客観的に評価する観点を忘れずに分析する、と言っても良い。両者は有益かつ冷静な議論の、いわば車の両輪である。批判的な評価のみを下して分析を深めなければ、それは歴史的な教訓には昇華しない。分析対象となる主体の意識に評価を加えずにそれを絶対視しては、「彼らの言動＝真実」という図式のもと、彼らを擁護するばかりになってしまい、冷静な議論など期待すらできない。

たとえば、あるところに、銀行からの融資をとめられて資金繰りに行き詰まり、倒産寸前となった会社の社長がいたとする。この社長は大変社員想いの人物であり、社員を路頭に迷わせるわけにはいかないと、強盗殺人を犯して、会社の運転資金を確保しようとした。この社長の犯した罪は、動機のいかんにかかわらず、厳しく追及されるべきである。動機が社員を救うためだったからといって、関係の無い人物が殺され、その財産が奪われるようなことが許されるようであっては、道義などというものは存在できないし、社会の秩序は保てない。だが、同時に、その社長の社員への想いというものを見つめない限り、その社長の行動は絶対に説明しきれないし、動機がわからなければ、同じような事件を防ぐ手立てを講じることもできない。

近代日本が行き着いた悲劇的な犠牲という結末に至る過程の、随所でなされる当時の政治主体の行動そのものは、それがたとえ国のためを想ってのことだとしても、または、そこに一定の合理性があったとしても、やはり歴史的・道義的な観点から批判的に検討されるべきである。ただ、本書は、当時の政治主体の意識を見つめることで、そのように愚かな行為をもたらす理由について解明していこうとするものである。そうすることこそが、二度と悲惨な戦争を起こさないために必要であると私が信じているからであり、本書の最大の目的はそこにある。

海軍将校の意識にせまる

本書では、パラドックスのような意識のモデルケースとして、日本海軍の将校たちの意識をみていく。彼らは政治的に消極的で、かつ非力であったと言われており、そのために、陸軍の対抗勢力として期待されながらも、陸軍を抑止できなかったばかりか、それに引きずられていった存在と考えられている。

では、なぜ、海軍は陸軍を抑止することができなかったのであろうか。海軍の政治的消極姿勢はしばしば指摘されることであるが、どうしてそのような姿勢が生じるのか、そもそも海軍は自分たちの役割をどのように考えていたのかを明らかにすることができれば、日本が三国同盟を締結する理由や、悲惨な戦争を開始した理由を、意識という新しい観点から検討することができるはずである。

また、戦争中、海軍はどうして、現在からみれば無謀ともいえる作戦を平然と実行していったのであろうか。特攻作戦のような悲劇的戦法を、なぜ採用したのであろうか。彼らの行動を批判するのは簡単であるが、彼らがどのような考えの末に、そうした結論にたどり着いたのかをみておかなければ、我々もいずれ同じような過ちを犯さないとも限らない。

多くの場合、軍人は現実主義者である。全く見込みのないことや完全に非合理的なことに、彼らが貴重な人命や資材を惜しげもなく投じるということは、それほど頻繁に行われていたのであろうか。受けた命令を何が何でも実行しなければいけない最前線ならいざ知らず、中央がそのような判断を下したというのは、なぜなのであろうか。もし、彼らが自らの行動を「合理的」に決定し、悲惨な戦闘を生み出したとしたなら、その意識を検証することで初めて、「合理的」に考えていると自認する我々は、同じ道を歩むことを避けられるはずである。

そして、海軍をはじめとした軍が、ポツダム宣言受諾の際に、どのような考えを持っていたのか。なぜ、一日でも早く戦争をやめることができなかったのか。ソ連の対日参戦や原子爆弾の投下にもかかわらず、意思決定に数日を要したうえ、「聖断」という本来は能動的な決定を行わないはずの天皇しか決断ができないという状況は、どうして生まれたのであろうか。そうした問題にも、海軍を含めた軍首脳部全体の意識という問題からせまっていきたい。

これまで、海軍は政治的に消極的であると考えられていたために、政治過程分析の中でさほど重視されてこなかった。政治に関わろうとしていない集団に注目する意味が軽視されてきたからである。

しかし、海相が五相会議《ごしょうかいぎ》というインナー・キャビネットに常に参加していた点で、海軍は政治的に消極的であったといっても、最重要官庁の一つであったし、陸軍とともに戦争の主管者であったことから、海軍の同意なしに、重要政策の決定はありえなかった。政治的に消極的かつ非力であったとしても、海軍は政治的にはきわめて重要であり、海軍がどんな態度をとるにしろ、海軍の行動は確かに政治を左右したのである。政治的に消極的かつ非力であったことを理由として、分析対象から海軍を除外するのではなく、むしろ、なぜ彼らが政治的に消極的となるのか、そして、そのように重要な政治主体が政治的に消極的であることが、どのようなことを引き起こしていたのかを観察していきたい。

彼らの意識をみつめるために、彼らの考えをできるだけ彼らの言葉で紹介したいと思い、本書では史料からの引用が少々多くなっているが、御容赦願いたいと思う。そうした多くの史料によって、先ほど述べたように、日独伊三国同盟の締結、対米開戦の決定、戦時中の諸作戦の決定、終戦の決定といった、アジア・太平洋戦争に関して重要と思われる出来事の中で、海軍がどのような態度をとり、そしてなぜそうした態度をとったのかということを、できるだけいきいきと描き出していきたい。

私は、近代日本を悲劇的な結末に導いた責任の一端は、間違いなく、海軍にもあると考えている。無論、彼らに、最初からそれが目指されていたわけでは決してないが、彼らが正しいと思って積み重ねた決断は、最終的に驚くべきほどの犠牲を生み出したのだった。そのパラドックスのような状況を、海軍を事例にしてみていくことで、本書がこれからの平和に少しでも役立てば、望外の喜びである。

海軍の内と外

海軍と政治

海軍の政治的特徴

海軍の政治的地位

プロローグでも述べたが、海軍はこれまで、政治過程の中で詳しくは分析されてこなかった。だが、それは海軍が政治的に重要でなかったということではない。海軍は戦前・戦中の政治主体の中で、間違いなく最重要官庁の一つであった。

それまで統合力を発揮してきた政党の力が衰退した一九三〇年代には、多くの閣僚で議論をするよりも、首相・外相・蔵相・陸相・海相という主要な閣僚だけで、重要な案件については先に意思決定を済ませてしまうということがしばしば行われた。そうしたインナー・キャビネットを五相会議という。それを積極的に活用するかどうかは内閣によって違

図1　国家意思決定機構略図

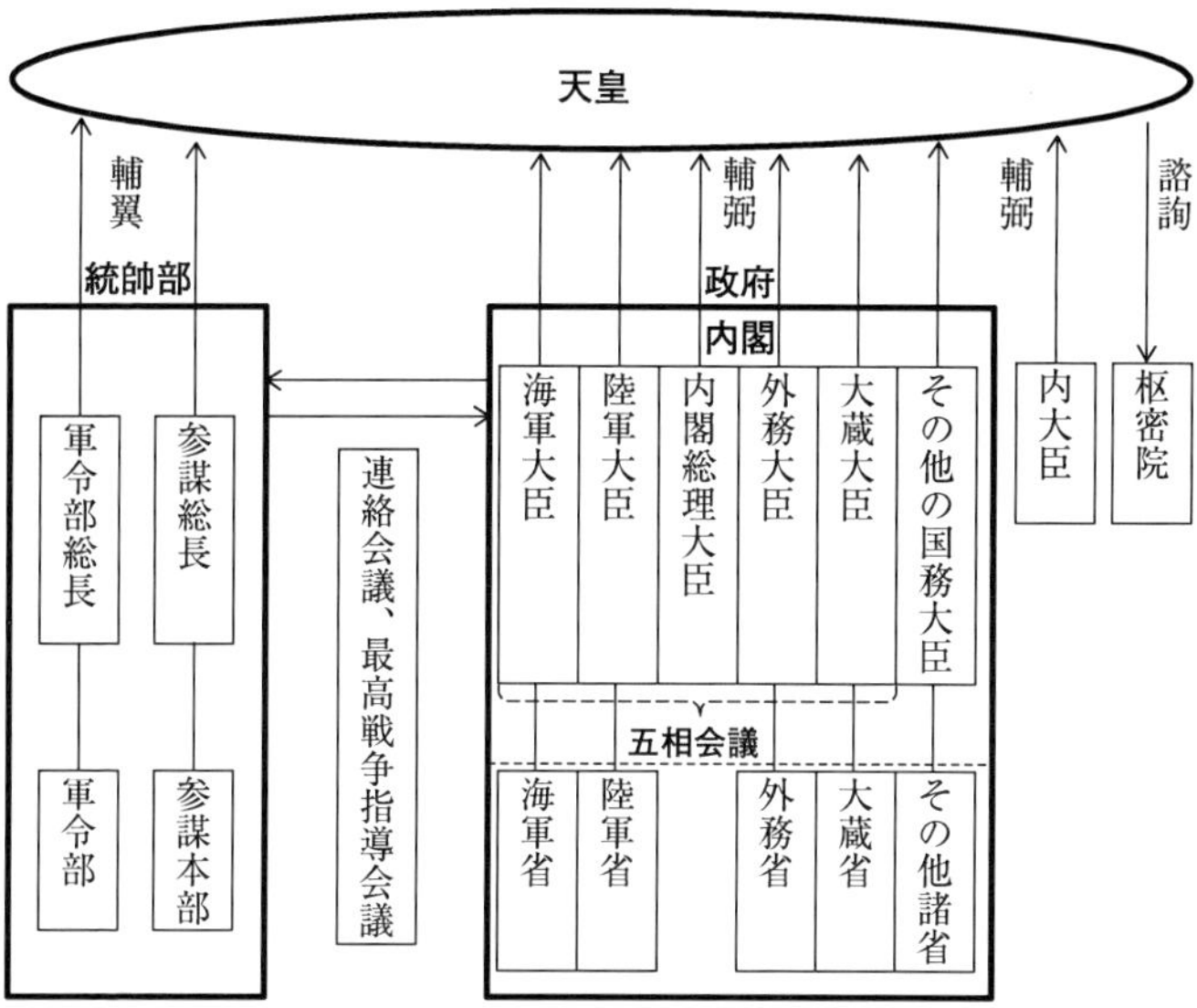

いがあったものの、多くの内閣でそうしたインナー・キャビネットでの意思決定という手法は用いられ、そこには常に海相の姿があった。そのため、海軍の同意なしに、重要な案件を決定することはできなかったのである。

　一般的に、戦前・戦中の政治においては、陸軍が非常に強大な力を持ち、すべての決定は陸軍の意向に沿ってなされたと考えられがちであるが、それは必ずしも正しい理解ではない。閣内において、各大臣は国家政策全般を司る国務大臣であるが、同時に各省の長官でもある。そして、

	軍令部	
軍務局長	総長	次長
豊田副武（1935.12-1937.10）	伏見宮博恭（1932.2-1941.4）	嶋田繁太郎（1935.10-1937.12）
井上成美（1937.10-1939.10）	永野修身（1941.4-1944.2）	古賀峯一（1937.12-1939.10）
阿部勝雄（1939.10-1940.10）	嶋田繁太郎（1944.2-1944.8）	近藤信竹（1939.10-1941.9）
岡敬純（1940.10-1944.8）	及川古志郎（1944.8-1945.5）	伊藤整一（1941.9-1944.11）
多田武雄（1944.8-1945.5）	豊田副武（1945.5-1945.10）	塚原二四三（1944.3-1944.7）
保科善四郎（1945.5-1945.11）		小沢治三郎（1944.11-1945.5）
山本善雄（1945.11）		大西瀧治郎（1945.5-1945.8）
		高柳儀八（1945.8-1945.10）

1945年11月廃止，軍令部は1945年10月廃止．1944年3月～7月の期間中，軍令部次長は2人制．

その省の管掌事項については、最終的にはその省の大臣が排他的で独占的な権限をもっていた。

そうした体制を定めているのが、帝国憲法第五五条第一項「国務各大臣ハ天皇ヲ輔弼《ほひつ》シ、其ノ責ニ任ス」という規程である。帝国憲法には内閣に関する規程はなく、国務大臣についても、わずかにこの一文が存在するに過ぎない。だが、この一文、もっと言うならば「各」という一語が存在していたがために、近代日本の官僚制では、各省がそれぞれ管掌する業務において、排他的で独占的な立案と執行の権限を持つことになった。国務大臣全体で（すなわち内閣で）天皇を輔弼するのではなく、「各」大臣（さらに言うなら、その下の省）が別々に存在して、それぞれ天皇を輔弼することが憲法によって保障されていると考えられるのである。この構図を、国務大臣単独輔弼制という。

表１　日中戦争以後の海軍首脳

海軍省		
大臣		次官
米内光政（1937.2-1939.8）	第１次近衛文麿～平沼騏一郎内閣	山本五十六（1936.11-1939.8）
吉田善吾（1939.8-1940.9）	阿部信行～第２次近衛文麿内閣	住山徳太郎（1939.8-1940.9）
及川古志郎（1940.9-1941.10）	第２～３次近衛文麿内閣	豊田貞次郎（1940.9-1941.4）
嶋田繁太郎（1941.10-1944.7）	東条英機内閣	沢本頼雄（1941.4-1944.7）
野村直邦（1941.7）	東条英機内閣	岡敬純（1944.7-1944.8）
米内光政（1944.7-1945.11）	小磯国昭～幣原喜重郎内閣	井上成美（1944.8-1945.5）
		多田武雄（1945.5-1945.11）
		三戸寿（1945.11）

秦郁彦編『日本陸海軍総合事典〔第２版〕』（東京大学出版会，2005年）より作成．海軍省

この国務大臣単独輔弼制の存在により、ある機関の業務に他の機関が容易に干渉できなくなることから、複数の省に横断的で強力な影響力を発揮するような省は存在しなくなる。いかに強大な政治的影響力を発揮していた陸軍といえども、完全に海軍や外務省の領域とみなされるようなことについては、容易に干渉することができないのであった。海軍の管掌事項については海軍が独占的な権限を保持しており、しかも、戦時中には当然のことながらその管掌事項も増えることから、海軍はきわめて政治的に重要であったのだと言える。

さて、これまで何気なく「海軍」という用語を使ってきたが、右の説明は内閣における「海軍」、つまりは海軍省のことである。海軍省は主に軍政を担当する機関であり、「海軍」の中にはこの海軍省とは別に、

図２　海軍組織略図

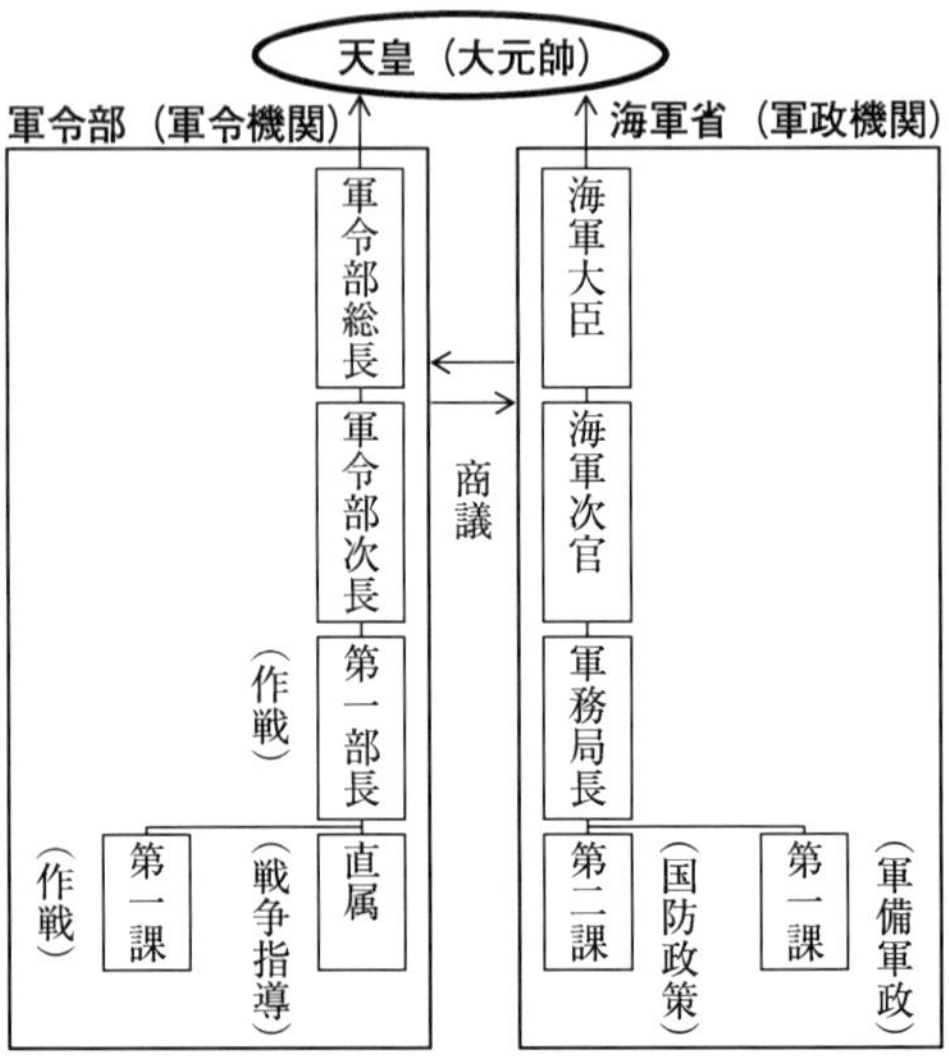

軍令部総長をトップとして作戦を担当する軍令部が並置されていた。軍令部もまた、天皇に直結しており、海軍作戦全般について、排他的で独占的な権限を持っているため、同じく陸軍で作戦を担当する参謀本部の容喙《ようかい》を、基本的に受けることはない。

　ただ、参謀総長の権限が強い陸軍に比べて、一九三〇年代の半ばに軍令部の権限が強化されたといっても、海相の権限は伝統的に海軍の中では強かったと言われている。海相は作戦計画全般については軍令部の判断に依存せざるを得ないものの、間違いなく海軍を代表し、当時の国策の決定に参与したのであった。

　さて、帝国憲法体制は分立的な統治構造であり、右のように、国務を担当する内閣と、作戦を担当する軍令機関とは、形式上並置されている。戦時中においては、その意思決定過程をなんらかの形で統合する必要があり、そのため、大本営政府連絡会議や最高戦争指導会議といった場が設定されていた。当然のことながら、そこには軍政・軍令それぞれの立場から海軍軍人が参加しているので、閣内ばかりではなく、国策の決定においても、海軍の立場は重要なのであった。

では、そのように政治的にも本来重要な役割を担うはずの海軍とは、もう少し詳しく条件を指定すれば、海軍将校とはどのような政治的特徴を持つ集団であったのか。

消極的政治姿勢

政治過程における海軍を扱ったもので、必ず指摘されるのは、海軍が政治的に非常に消極的であったということである。海軍の政治力は陸軍に対して脆弱であり、そのために暴走する陸軍を抑止できなかったと、しばしば指摘される（たとえば、池田清『海軍と日本』中央公論社、一九八一年）。重要な国策レベルの決定には、海軍は積極的に関与しようとはせず、他の政治主体の案に対して意見を述べこそするものの、陸軍のように、重要な問題を提議し、政治を牽引するようなことはなかったと言われている。

そのような傾向が生じる理由については、さまざまな指摘がなされている。

そもそも、海軍の消極的な政治姿勢は、当時においても、すでに指摘されていたことである。たとえば、一九四〇年に、内閣参議であり、蔵相経験もある三井財閥の重鎮であった池田成彬《いけだしげあき》は、民間企業との意見交換を積極的に行わない海軍を評して、「海軍の象牙の塔」と述べている（原田熊雄述『西園寺公と政局』第八巻、岩波書店、一九五二年、三七八頁）。

海軍内部においても、海軍の政治力が陸軍に対して著しく低いことは常識であり、それを問題視して、一部ではその要因を探ろうとする研究もなされていた。海軍大学校研究部は、外部有識者と協力して、「陸海軍人気質ノ相違—主トシテ政治力ノ観察—」という文書を作成している。その文書では、陸海軍間の歴史的・組織的な差異がさまざまな観点から検討されている。たとえば、陸軍が徴兵制で国民と密接に結びついているため、政治情勢や思潮の変化に敏感であったのに対して、海軍は志願制をとっていたために、そうしたものへの関心が薄かったとされている。また、陸軍は歩兵を主力兵力としていたことから、人を動かすために強い精神主義的傾向を有していたのに対し、海軍は軍艦という巨大な機械を操るため、精神主義よりも、数学や物理学といった基礎学問に支えられた合理主義的傾向を有しており、それゆえに、技術者気質で、複雑な政治を動かすために不可欠な気概と主体性に欠けていた、ともされている（海軍大学校「陸海軍人気質ノ相違—主トシテ政治力ノ観察—」『軍事史学』二三-四～二四-一、一九八九年）。

その他に、人員数の問題も、陸海軍の政治力の差には強く影響していたであろうと思われる。海軍将校の数は、陸軍将校の数のわずか五分の一程度であり、そのために、政治的折衝を行う陸海軍省それぞれの軍務局の人員も、圧倒的に陸軍の方が多く、海軍は事務作業に忙殺され、対人折衝を行う余裕がほとんど無かったと言われている。人員が少なければ、海軍内での政策立案を担っていた委員会においても、兼務が非常に多くなり、その能力はさらに低下するのであった（田中宏巳「海軍各種委員会の定量的研究」『日本歴史』五九〇、一九九七年）。

また、海軍将校は定期的に艦隊勤務を命じられるので、事務能力や対人折衝能力を磨く機会が少なかった。加えて、海軍将校の中でも、陸上での政治的な活動よりも、艦隊勤務を花形とみる傾向が強かったようである。海軍軍人最高の栄誉は、海軍大臣ではなく連合艦隊司令長官とされていたのも、そのためである（前掲池田『海軍と日本』一四〇頁）。

以上のような海軍の消極的政治姿勢を支えていたのが、海軍軍人が美徳としてきた、「軍人は政治にかかわらず」という意識である。もちろん、これは程度の差こそあれ、陸軍でも唱えられていたことであるが、政治的に消極的な海軍においては、「軍人は政治にかかわらず」というモラルによって、自己の態度が正当化・美化されていたのであった。

軍人と政治家とで棲み分けを行い、政治家の領域には極力関与しないという意識が、海軍では広く共有されていた。

組織利益

そのように、海軍はさまざまな要因によって、政治的にきわめて消極的であったのは確かであるが、同時に、海軍が自らの意見を全く述べなかったわけでは決してない。特に、海軍に必要な予算や物資を確保しようとする際、海軍は自己の要求に固執し、しばしば政治を停滞させていたほどである。

日露戦争後の海軍が、最新鋭の戦艦八隻と巡洋艦《じゅんようかん》八隻で構成される、いわゆる「八八艦隊」の整備を目指したことは有名であり、ワシントン海軍軍縮条約で戦艦の縮減が決まってからも、巡洋艦・駆逐艦《くちくかん》・水雷艇《すいらいてい》・潜水艦・空母《くうぼ》といった補助兵力の充実や、一艦当たりの質的向上を、海軍は政府に強く求めていたのであった。海軍はアメリカを仮想敵国とし、来るべき対米戦に備え、国家の命運といったことよりも、対米軍備の拡充と充実といった、海軍の組織利益の追求に汲々としていたと言われている（麻田貞雄『両大戦間の日米関係　海軍と政策決定過程』第五章、東京大学出版会、一九九三年）。

そうした海軍による組織利益追求の姿勢は、陸軍等の他の政治主体からは、「海軍あって国家なし」と、しばしば批判されている。また、研究上でも、海軍は組織の利害を非常に重視する集団であったと考えられている（森山優『日米開戦の政治過程』吉川弘文館、一九九八年、小池聖一「海軍は戦争に反対したか」、藤原彰・今井清一・宇野俊一・粟屋憲太郎『日本近代史の虚像と実像三　満州事変～敗戦』大月書店、一九九九年）。海軍による組織利益の追求は、海軍がそれ以外の政策に対して積極的な関与を避けていたことから、特に目立つこととなっていたのであった。

執行責任

海軍が官僚的に、きわめてセクショナルな利益の確保に汲々としていたことが、批判されるべき事実であろうことは間違いない。ただし、政治的に消極的なはずの海軍が、なぜそれほどまでに組織利益についてだけは強い執念をみせるのかということについても、考えておかなければならない。

前述のように、海軍は政治と軍事の棲み分けを、自己の消極的政治姿勢を正当化するために、陸軍より強く意識する傾向にあった。そうした棲み分けの意識は、政治家の決定を尊重することにもつながるが、同時に、自己の専門性を絶対視することにもつながっていく。政治家の領域を尊重することで、逆に、自己の領域への政治家の介入は許さなくなるのである。そして、政治的な行動をとらずに、自己の任務の達成だけを常に考慮する中で、それに必要なものは、予算であれ物資であれ、絶対に確保しようとするようになる。海軍は、対米戦を主任務とする軍事官僚組織であり、対米戦が勃発した場合には、遅滞なく必要な措置をいつでもとれるように準備をしていなければ、自己の責任を果たすことはできない。そうした自己の管掌する事務を執行する責任が、海軍を組織利益の追求に駆り立てるのであった。

つまり、海軍による組織利益の追求という官僚的な態度は、「軍人は政治にかかわらず」という、軍の政治関与を抑止することにもなるモラルの、いわば裏返しであった。海軍は自己の任務の殻に閉じこもることで、陸軍のような積極的な政治介入はしない一方で、自己の利害だけは強硬に主張するようになる。

そして、対米戦という任務の重要さと、その専門家であるという自負から、彼らは自らが行っている組織利益の追求という行為を、疑問にすら思わなくなる。専門家集団として、任務の達成のために必要と考えるものを確保することは、セクショナルな利益を追求するというような矮小な行為ではなく、国防の重責を全うしているものとして、むしろ賞賛されて然るべきこととして認識されるのである。海軍の態度を擁護するつもりはないが、海軍が組織利益を追求する自らの態度を見つめ直すことは、その行為を支えているものが専門家意識であり、さらにそれを生み出すのが「軍人は政治にかかわらず」という、文句のつけようのないモラルであったために、きわめて難しかったと言える。

陸軍への対抗意識と依存

また、海軍が政治的な行動を行うもう一つの要因となっていたのが、陸軍への対抗意識であった。同じ軍事官僚組織として、予算や物資、北進か南進かという進出戦略をめぐって、陸海軍は矮小だが激烈な対立に陥ることが多く、海軍に比して精神主義的で政治関与を行いやすい陸軍を、対抗心を燃やしながら、海軍は批判していた。

海軍将校による日記や書簡、回想録や手記といったものをみると、海軍が陸軍を批判し、罵《ののし》っている記述は枚挙にいとまがない。たとえば、戦争末期に海軍次官を務め、「最後の海軍大将」としても知られる井上成美《いのうえしげよし》は、陸軍のことを「動物」と呼び、その理由を問われて「理性が欠如してるからだよ」と答えたと言われている（阿川弘之『井上成美』新潮社、一九八六年、一五二頁）。

図3　井上成美

陸軍に理性が本当に欠如していたかどうかは置いておくとして、海軍がそのように、陸軍の行動に非理性的という問題を感じていたことは確かであり、そのために、海軍は陸軍の行動をしばしば是正しようとすることになる。

ただし、海軍の政治力は陸軍に比べて著しく低いので、陸軍の行動を海軍が全面的に制止するということは難しい。そこで、海軍は陸軍から提示される案件に意見したり、それを修正したりすることで、陸軍の行動を是正しようとするのであった。後に詳しく述べるが、第一次日独伊三国同盟交渉の際、当初陸海軍の中堅層は一致してドイツとの同盟を締結するべく動いていた。その理由を、当時海軍省臨時調査課長であった高木惣吉《たかぎそうきち》は、「陸軍の独断専行を或る程度まで阻止するために、一緒に行くやうな顔をして、一方に引きずつて勝手な真似をさせまいといふ意図から出た」ためであると述べている（原田熊雄述『西園寺公と政局』第七巻、岩波書店、一九五二年、二六二頁）。この発言で、海軍は陸軍の要求に海軍の組織利益を組み込むことが、陸軍の独断専行を抑止することになると考えている。海軍の組織利益の追求には、陸軍の暴走を止めるという更なる正当性が付与されていたのであった。

そのように、陸軍の案とは真逆の対案を示すわけでもなく、陸軍案に海軍の組織利益を盛り込むような修正をするだけでは、陸軍の行動の枠組みそのものを是正することはできない。「非合理的」な陸軍の出してきた案を、「合理的」に修正することで、陸軍を抑止しているつもりであっても、海軍は陸軍に引きずられていくだけとなるのであった。海軍が結局のところ陸軍を抑止できなかった最大の要因は、こうした陸軍案への姿勢であった。海軍は少ない人員と多忙な業務、そして自己の領域に閉じこもるその傾向ゆえに、独自の高い政策立案能力を持たなかったので、他組織の案に修正を加えることが多くなり、陸軍に対抗しつつも、依存する関係をも同時に築いていたのであった。

首脳部と中堅層の権限

陸軍との接触の機会が多いのは、当然のことながら、首脳部よりも中堅層である。首脳部よりも陸軍に接する機会が多く、その中で陸軍の要求を修正しながら、それに引きずられていくようになると、大臣が陸軍の方針と全く異なる政策を追求しようとしている際は、海軍省内の上下に対立が生じるおそれもある。

長年、特に軍部内においては、中堅層が意思決定の主導権を握ってきたと考えられていた。日本では稟議制《りんぎせい》という、下僚が原案を起草してそれを上司が修正をする、という過程を繰り返しながら意思決定を行うシステムが伝統的に多用されているので（辻清明『新版日本官僚制の研究』東京大学出版会、一九六九年、旧版は一九五二年、前編四）、意思決定過程における中堅層の影響力は確かに無視できない。

しかし、中堅層の政治的影響力の強さというものが、文書を起案するという権限から主にきているのだとすれば、首脳部の権限とはどのようなものであったのだろうか。確かに、首脳部が文書を起案することなどはまずないのであるから、彼らは決定の大枠を準備することはできない。だが、首脳部が承認しないものは、絶対に決済されないのであり、首脳部が持っている決定する権限というのもまた、中堅層が持っている起案の権限と同等か、もしくはそれ以上に重要なのである。中堅層は政策文書を起案する立場にあったが、その文書は閣議や連絡会議にかけられ、それが重要であればあるほど、大幅な修正が国家首脳部の間でなされるのが常であり、その場に中堅層が参画することは許されない。首脳部は、ごく数文字の語句の変更により、原案の性格を一変させることすらも可能であった。

もちろん、中堅層が一丸となって主張する原案を大幅に変更したり、拒否したりすることは、中堅層の意欲を削ぎ、職務能率や士気を低下させるばかりでなく、時には首脳部に対して反抗的な態度をとらせることにもつながりかねないのであるから、首脳部はそうそう簡単に中堅層の原案には抗えない。

では、逆に、中堅層が首脳部の意向とは正反対の意見を平然と主張し、首脳部に逆らってまで、その実現に邁進するなどといったことは、それほど頻繁に起こり得るであろうか。

陸軍や海軍という組織が無くなるということは、当時の中堅層にとっては夢にも思わなかったことであろう。そうであるならば、彼らには先々の出世や希望する部署への異動といったものが常に意識されるわけであり、上司といたずらに衝突することは、中堅層も避けたかったはずである。

また、当時の海軍には、組織の中で責任の所在を曖昧にし、大勢に逆うべきではないという、現代のさまざまな組織においてもしばしばみられるような雰囲気も存在しており（NHKスペシャル取材班『日本海軍四〇〇時間の証言　軍令部・参謀たちが語った敗戦』新潮社、二〇一一年）、中堅層個々人が突出して政治的に動くということは、それほど頻繁にみられたわけではなかったと言える。

以上のように、決定の大枠を準備する中堅層が、政策決定上の重要な役割を担っているのは間違いないが、同時に、彼らは決定する権限を持たない存在であるので、その権限を握る首脳部も、決して無視はできない存在なのである。

海軍内の統制

そのため、他組織を動かして首脳部の意見を転換させることは政治力のない海軍にできない以上、中堅層が首脳部と異なる意見を持っていたとしても、彼らにできることは首脳部を説得することだけである。自らが推進する政策に自信を持っていれば、陸軍の政策を海軍省の首脳部に納得させることは、下克上などではなく、理解の足りないと感じる首脳部への、れっきとした補佐と映ることになり、中堅層にとっては海軍内の統制を乱しているとは考えられないのである。

海軍は、陸軍に比べて、統制のとれた組織であると言われており、当人たちにとってもそれは誇りであった。たとえば、海軍省臨時調査課長の高木惣吉は、「国家ニトリ真ノ意味ニ於テ支柱トナリツツアル海軍ノ統制」としている（伊藤隆編『高木惣吉　日記と情報』みすず書房、二〇〇〇年、一六四頁）。そのため、中堅層は自らその統制を乱そうなどとは考えることもなく、右のような理由から、首脳部との意見対立に陥ったとしても、彼らにそれは補佐として認識されているので、中堅層は首脳部の方針への反対により統制を乱しているなどとは考えないのであった。

ところが、首脳部にとっては、中堅層が自らの意見と異なる、さらには、陸軍によって大枠の準備された政策を推進しようとしていれば、それは海軍内の統制を乱しているものと映りかねない。だが、首脳部としても、中堅層の立案した政策を拒否し続けて、彼らの神経を逆なでするようなことはしなかったので、大枠そのものを変えることは事実上、不可能であった。中堅層が政策を立案しなければ、首脳部はそもそも何もできないのである。

中堅層と全面的に対立するとなった場合、首脳部にできることは、自らの毅然とした態度を示しつつも、外部の状況の変化に期待することぐらいであり、こうして、首脳部も、陸軍の示す政策を、独力では転換できないのであった。

以上のように、海軍の首脳部と中堅層は、対立が生じたとしても、相互に依存する関係にあり、そうした関係が、海軍の統制を生み出すことになっていた。そこでは、明確に定義のできない統制という観念が、中堅層と首脳部の双方に都合の良いように解釈され、海軍の態度を規定していたのであった、こうしたことも海軍単独で陸軍を抑止することができなかった理由の一つである。

これまで、海軍の政治的態度は、親英米路線や親独路線のように、どこの国と提携するのかという点から説明・分析されることが多かった。だが、それは本当に妥当であるのだろうか。外国との関係よりも、右にみてきたような、官僚制の特質にも規定された海軍内部の事情が、態度決定要因としては大きかったのではないだろうか。

そうしたことを確かめるために、次に、日独伊三国同盟交渉の経緯を紹介したい。

日独伊三国同盟

一九三六年に日独防共協定が締結され、翌年それにイタリアも加わった。こうして形成された日独伊三国の関係を強化しようという動きが一九三八年七月におこる。「防共協定強化交渉」とも呼ばれる、第一次日独伊三国同盟交渉である。

第一次三国同盟交渉の開始

一九三八年七月一九日に、五相会議で決定された「日独伊防共協定強化方針」では、「独逸に対しては防共協定の精神を拡充して之を対『ソ』軍事同盟に導き伊太利に対しては主として対英牽制に利用し得る如く秘密協定を締結す」と（「経過日誌」、角田順解説『現代史資料一〇　日中戦争（三）』みすず書房、一九六四年、一七二頁）、日独間と日伊間に対象と程度を異にした二つの条約を締結することを目標に、交渉を進めていくことが決定された。ドイツとの間には、ソ連を対象とした防御同盟、イタリアとの間には、イギリスを対象とした援助協定を結ぼうとしたのであった。

その後、ドイツ外相のリッペントロップが、対英牽制効果の増大を狙い、三国間で一つの条約を結ぶという提案をし、陸軍はこれに同意した。八月一五日には、それが陸海軍の中堅層レベルでも合意されていくことになる。

当時の日本にとって最大の課題の一つと考えられており、特に陸海軍の中堅層の頭を悩ませていたのは、日中戦争の終結であった。三国同盟によってイギリスやアメリカを牽制することで、極東地域でのそれらの国からの対日譲歩や、外交圧力の減少がもたらされれば、日中戦争の解決も容易となるはずであると、陸海軍の中堅層は考えたのであった。

図4　米内光政

米内の賛成

この交渉は第一次近衛文麿《このえふみまろ》内閣から平沼騏一郎《ひらぬまきいちろう》内閣期に行われているが、その時期の海軍省首脳部は海相に米内光政《よないみつまさ》、次官に山本五十六《やまもといそろく》、軍務局長に井上成美という陣容であった。これらの人物が独伊との提携強化に反対したことが、彼ら、ひいては海軍の「良識」を示すものとして、よく知られている。しかし、彼ら、特に米内は本当に最初から同盟に反対していたのであろうか。

確かに、海軍省首脳部は同盟交渉が開始された直後である八月に、反対意見を中堅層に伝えている。そのときの米内の反対意見を示すものとしてしばしば引用されるのが、米内が平沼内閣総辞職後に書いたと思われる手記であるが、そこには「自分としては、現在以上に協定を強化することには不賛成なるも、陸軍の播いた種を何とか処理せねばならぬという経緯があるならば、従来通りソ連を相手とするに止むべく、英国までも相手にする考へならば、自分は『職を賭しても』これを阻止すべし」と記されている（緒方竹虎『一軍人の生涯―回想の米内光政―』文芸春秋新社、一九五〇年、四三頁）。

つまり、米内は最初から、日本がイギリスを敵にまわすことについては反対していたというのであるが、そもそも、この手記は本当に正確なのだろうか。この手記を正確と証言しているのは、この当時はまだ外相でなかった有田八郎《ありたはちろう》だけであるし（前掲緒方『一軍人の生涯』四三～四五頁）、その後、しばらくの間、米内が交渉に反対していたという史料もみられなくなる。加えて、海軍は三国同盟交渉が失敗した場合でも、イタリアとの間にイギリスを対象とした秘密協定を結べるよう、いわば保険をかけて、イタリアとの個別交渉も継続していた（ヴァルド・フェレッティ著、小林勝訳「海軍を通じてみた日伊関係―一九三五～四〇―」『日本歴史』四七二、一九八七年、八二～八三頁）。海軍のそうした行動は、イギリスを絶対に対象とはしないという米内の意見とは、明らかに矛盾している。

当時の米内の意見を伝える史料は、手記以外にもいくつかある。それによると、米内は当時、「本件ハ海軍々事的ニ見テ英等ノ武力的圧迫ニ対シテハ心配シ居ラサルモ外交、政治的方面ニ見テ不安ヲ禁シ難シ此ノ点ニ関シ責任大臣ノ意見ヲ求メザレバ是非ヲ決定スルコトハ不可ナリトスル」や「本件ニ伴ヒ生スルコトアルべキ国際経済ノ影響ニ関シ大蔵大臣ノ所見ヲ求メタル上最後ノ決定ヲ為スベキ」と述べていたようである（「日独伊問題取扱経緯」、土井章監修『昭和社会経済史料集成』第七巻、巌南堂書店、一九八四年、七四～七七頁）。

この米内の発言は、イギリスを対象とした同盟に絶対に反対するといったものとはほど遠く、単に、外相や蔵相を含めた五相会議のレベルで交渉を行うべきであるという意見に過ぎない。当時、ドイツ外相のリッペントロップは参謀本部を通じて申し入れを行ってきていたことから、交渉は軍主導で進められており、米内はそれを正規の外交ルートにのせようとしただけであろう。

そのため、主管大臣である外相の宇垣一成《うがきかずしげ》を含んだ五相会議で決定がなされると、米内はしばらくの間、同盟交渉への反対を口にしないのであった。米内を含めて、海軍は当初、独伊との同盟を容認していたことになる。

米内の方針転換

では、有田八郎は米内の手記に対して、なぜ正確と保証を与えたのであろうか。それは、一〇月末に有田が外相に就任してから、米内の意見が変わったためである。

有田は外相に就任後、イギリスを過度に刺激しないために、「本協定は『ソ』に対するを主とし英仏等は『ソ』側に参加する場合に於て対象となるものにして英仏等のみにて対象となるものに非ず、勿論仏が赤色化したる場合の如きは対象たるべし」、「交渉遅延したる場合は日独、日伊平行的に協定を締結し将来機を見て此両協定を日独伊三国協定に合一を期す」という提案を示し（前掲「経過日誌」一八九〜一九〇頁）、対英牽制色を弱めつつ、二条約並行路線をも復活させた。

そして、米内はもともと、特に外交分野で主管大臣を尊重する傾向が強く（手嶋泰伸『昭和戦時期の日本海軍と政治』吉川弘文館、二〇一三年）、一二月二日に有田から面会を求められた米内は、有田の方針に全面的な賛成を伝えたのであった（前掲「経過日誌」一九一頁)。そのため、有田は米内がイギリスを敵にまわすことには当初から反対であったと考えたのだと思われる。

つまり、イギリスを対象にしないという米内の意見は、主管大臣である外相の交替によって生じた方向転換に追随したがために生まれたものに過ぎないのであった。

ただし、そうした方向転換は、陸軍と協調して同盟交渉を進める中堅層と、当然のことながら対立することになる。そうはいっても、米内に中堅層との決定的な対立を引き起こすような気はなかったと思われる。有田が復活させたのは二条約並行路線であり、それは保険として海軍が当初から進めていたものであったことから、三国同盟路線を放棄しても、大きな問題にならないと考えられたのであろう。前述したように、中堅層のボイコットから事務停滞につながりかねないような決定的な対立を引き起こすようなことを、海相は安易にできない。

海軍内部の対立

しかし、米内の方針転換がなされたのとほぼ同じ時期、良好な伊ソ関係から対ソ軍事同盟の色彩を強く帯びる三国同盟路線を渋ってきたイタリアが、地中海でのイギリスへの牽制作用増大を期待して二条約並行路線を凍結し、交渉が三国同盟路線へと一本化されてしまった。

これによって、米内が中堅層とやり合う際の立ち位置は消滅し、米内は省内で窮地に立たされることになる。そのため、彼は一九四〇年一月七日の五相会議で、「国際協定に於て自国の不利を忍んで迄先方の利益の為之を締結せざるべからざるものなりや、独、伊、日夫々《それぞれ》対象とする国を若干異にするものを一纏《ひとまと》めにせんとする所に無理ありと認む」と（前掲「経過日誌」二〇七頁）、同盟そのものを否定するかのような発言をし、意に添わない同盟は結ぶべきではないと考えつつも、閣内での孤立を避けるため、英仏を対象から外し、ソ連に対象を限定することに全力をあげるのであった。こうした態度をとる米内は、さも親英派のようにみられるが、実際は政治状況に左右された意見を述べているに過ぎなかったのだと言える。

また、首脳部と対立する中堅層でも、いわゆる「下克上」を起こそうと考える者は少数派であったと考えられる。海軍省臨時調査課長の高木惣吉は、軍令部の少壮参謀たちと時局懇談会に出席した日の日記に、「少壮躍起組ノ不安ト憤慨ニ対シ説得ヲ試ミ、海軍部内ノ統制ヲ紊《みだ》ルベカラザルコトヲ強調ス（陸軍ノ実例ヲ他山ノ石トスベキコトヲ詳述）」と記している（前掲『高木惣吉　日記と情報』二二七頁）。この当時の高木は、「海軍大臣ノ当初ヨリスル三国協定ニ対スル深キ考察ノ足ラザルヲ遺憾至極ニ痛感ス」という日記の記述にも表れているように（前掲『高木惣吉　日記と情報』二三五頁）、首脳部と対立する中堅層の一人であった。そうした彼でさえも、陸軍への対抗意識の中で、海軍が統制を保持しなければならないと考えており、首脳部の統制から一見逸脱しているかに見える中堅層の行動も、彼らにとってはその統制の枠内でのことと認識されていたのであった。

同盟反対への一致

一九三八年一二月に米内が閣内の政治情勢の変化に応じて方針を変えたことで、海軍省の首脳部と中堅層との間には同盟の締結をめぐって、意見対立が生じることになった。だが、その対立も一九三九年の五月頃から、徐々に収束していくことになる。たとえば、軍務局第一課長の柴勝男《しばかつお》が五月九日付で作成した文書「協定締結ニ関スル所見」において、柴は五相の意見の一致が得られなければ、「独伊側トノ意見不一致ヲ理由トシテ一時交渉ヲ打切」るべしと（前掲『高木惣吉　日記と情報』二八九頁）、交渉の打ち切りを有力な選択肢の一つとして考え始めていたのであった。

図5　高木惣吉

そうした中堅層の変化の要因としては、国際情勢の変化が指摘されている。まず、当時のイギリスはソ連との間で相互援助条約を締結するための交渉を進めていたが、その交渉が難航したため、五月にイギリスはその交渉を放棄した。これにより、イギリスは極東地域において、ソ連の力を背景として日本に譲歩を迫ることが難しくなり、逆に諸交渉における対日譲歩が予想された。

また、アメリカにおいても、海軍軍備を強化する法案と、経済制裁を可能とするような中立法の改正案の双方が、議会を通過できなかった。これにより、アメリカも極東地域で日本への態度を硬化させることはできなくなる。

よって、イギリスとアメリカの対日圧力が減少するばかりでなく、対日譲歩も期待できるようになると、わざわざ三国同盟を結ばなくとも、当時の日本が最大の課題としていた日中戦争の解決を達成できるという見込みが生まれてくるのであった（以上、加藤陽子「第一次日独伊同盟交渉」、海軍歴史保存会『日本海軍史』第四巻、第一法規出版、一九九五年、一三一〜一三二頁）。

また、もう一つの要因としては、海軍中堅層が陸軍の交渉の進め方に、強い違和感を覚えたことが挙げられる。五月九日、陸軍は参謀総長の閑院宮載仁《かんいんのみやことひと》の帷幄上奏《いあくじょうそう》により、天皇に直接同盟の締結を訴えたのであったが、海軍中堅層には、それが陸軍の手段を選ばない強引なやり口として映った（高木惣吉『自伝的日本海軍始末記—帝国海軍の内に秘められた栄光と悲劇の事情—』光人社、一九七一年、一六四頁）。

右のような要因によって、中堅層の同盟交渉に対する熱意は急激に低下し、五月頃からは、それまで対立していた首脳部と一体となり、中堅層も同盟に反対するようになった。最終的には、八月二三日に、それまで対ソ軍事同盟の締結を議論していたドイツが、突如独ソ不可侵条約を締結したため、平沼騏一郎内閣は、有名な「欧州情勢は複雑怪奇」という言葉を残して総辞職し、同盟交渉も凍結されるのであった。

海軍の行動原理

このように、第一次日独伊三国同盟交渉の経緯をみてくると、他国との同盟という問題を議論しているにもかかわらず、「親英」・「親米」・「親独」などといったことが、海軍においては態度決定要因として、あまり意味を持っていなかったことがわかる。むしろ、主管官庁である外務省や、海軍が対抗意識を燃やしつつもその抑制を主観的には図ろうとする陸軍の動向、国際情勢の変化といった外部の要素に、海軍内上下の力学が作用して、海軍の態度は決定されていたのであった。

海軍は単純な親英米路線や親独路線といったものを行動原理として、組織を動かしていたわけではない。重要なのは、海軍本来の任務である対米戦を有利に進めることのできる組織利益を手に入れることができるのかどうかということであり、それさえできれば、どこの国と協調するのかは二の次であったとさえ言えるかもしれない。

よって、今回は三国同盟に反対することになったとはいっても、それは国際情勢の変化などから生じた態度であって、もともとは首脳部も含めて、海軍は同盟を結ぼうとしていた。海軍の組織利益や陸軍を含めた他組織との関係によっては、海軍は独伊との同盟も容認するのであった。

海軍内部では、アメリカとできるだけ有利な状態で戦争を行うための準備を整えるという行動原理が共有されており、その手段や方法で議論が対立することはあっても、彼らの意見対立は組織の目標の核心に触れるような、根本的なものではなかった。

海軍は対米戦の主管者として、その準備に日露戦後から心血を注いできた。それは決して、戦前に流布していたような「日米はいつか、太平洋の覇権をめぐって戦わなければならない」という対米戦必然論や、ましてや世界の覇権をめぐっていずれは日米が戦うと述べている石原莞爾《いしはらかんじ》の『世界最終戦論』のようなものを海軍が信奉していたからでは決してない。対米戦という政策分野のスペシャリストであり続けることが、海軍の存在意義なのであり、いかなる場合においても、対米戦の執行を求められれば、可能な限りそれを有利に進めなければならないという、官僚制における執行責任に常に迫られていたからである。

どうすればそうした状況が作れるのか、たとえば、どこの国と提携すべきなのか、どのように物資や予算を獲得すれば良いのかという問に対して、海軍内部で首脳部と中堅層が異なる答えを出すことはあっても、問そのものが否定されることはない。そのため、国際情勢・国内情勢・政治情勢その他の要因によって、対米戦準備のための選択肢が狭まれば、満腔《まんこう》の賛意とまではいかなくても、次善策として三国同盟を海軍は受け入れることになるのであった。

国際情勢の変化と同盟の締結

一九四〇年五月、ドイツ軍はオランダ・ベルギー・ルクセンブルクに侵入し、六月にはパリを占領することでフランスを降伏させた。これにより、オランダの植民地であったインドネシア（蘭印）とフランスの植民地であったインドシナ半島（仏印）の帰属がにわかに問題となっていく。この地域には日本が欲していた重要物資である錫《すず》や天然ゴム、そして、国内消費のほとんどをアメリカからの輸入に頼っている石油があり、アメリカとの戦争を行うためには、是非とも日本が影響力を強めなければならないと考えられた。

事態は切迫しているように思われた。ぐずぐずしていては、ドイツだけでなく、イギリスやアメリカが何か手を打ってくるかもしれない。そうなる前に、ドイツと提携を強化しておく必要がある。そう海軍には考えられたのであった。

幸い、軍令部の判断では、ドイツの海軍力は弱体であるので、東南アジアまで進出してくることはないとみられていた（「和蘭本国が中立を侵犯せらるる場合の蘭印対策」、土井章監修『昭和社会経済史料集成』第九巻、巌南堂書店、一九八五年）。交渉次第では、ドイツとの間でお互いの勢力圏を認め合い、東南アジアにあるヨーロッパ諸国の植民地を日本が確保することも不可能ではない。このような考えのもと、ドイツとの提携強化は、海軍全体で合意されていった。

しかし、海軍の反対によって一時期、交渉は暗礁に乗り上げた。海軍は同盟そのものの意義は理解していたが、同時に、ドイツがイギリスやアメリカへの圧力とするために希望していた、米独戦や英独戦の場合に日本もその戦争に自動的に加わることになるという、いわゆる自動参戦条項について問題視していたのであった。海軍が欲しかったものは、東南アジア地域に関するドイツからの好意に過ぎず、無謀なアメリカやイギリスとの戦争に、日本が意図せずに巻き込まれることなど、望んでいなかったのである。そのため、自主性を確保するために、海軍は自動参戦条項に強硬に反対していたのであった。

つまり、海軍は組織利益の確保のために、最上の選択肢とは考えていなかったであろうが、国際情勢の変化に応じ、同盟そのものは容認しており、自主性の確保というレベルの問題で少々意見を付していたに過ぎなかったのだと言える。結局、交渉の結果、参戦は日独伊の三国間の話し合いで決め、自動参戦にはならないことが条約の交換公文に盛り込まれることになると、海軍は三国同盟を受け入れるのであった。

国内情勢

また、海軍には、もう一つ考慮しなければならないことがあった。それが国内情勢である。同盟締結時の海軍次官であった豊田貞次郎《とよだていじろう》は、近衛に対して、「海軍としては実は腹の中では三国条約に反対である。然しながら海軍がこれ以上反対することは最早国内の政治情勢が許さぬ。故に止むを得ず賛成する」と述べたとされている（近衛文麿『平和への努力』日本電報通信社、一九四六年、三一頁）。

主管官庁である外務省が主張し、ドイツに期待をかける国民の多くが支持する対独提携を、海軍が単独で反対することは難しい。また、海軍が対米関係の悪化をもたらすドイツとの同盟に消極的とみられ、海軍は対米戦を遂行することができないとみなされては、対米戦に備えた予算や物資を確保することも難しくなる。それでは、万一戦争になった際、海軍は対米戦を遂行できない。

朝日新聞

日獨伊三國同盟成る

ベルリンで調印を完了

畏くも大詔渙發さる

詔書

政治經濟軍事互助（有効期間は十ヶ年）

内閣告諭

同盟成立"喜びの乾杯"

外交轉換こ　世界

對ソ外

図6　日独伊三国同盟（『朝日新聞』19575号）

こうして、ドイツとの同盟にあまりに注文をつけ、交渉を停滞させることもできず、海軍はあっさりと三国同盟を受け入れるのであった。

第一次同盟交渉の際に、同盟に反対した米内光政をはじめとした首脳部と、三国同盟を受け入れた及川《おいかわ》古《こ》志郎《しろう》とは、しばしば対比され、前者は「良識派」として評価され、後者は批判される傾向にある。だが、おそらく、米内首脳部が一九四〇年に海軍省にあったとしても、かなり高い確率で同盟は締結されたであろうと考えられる。それは、米内首脳部も国際情勢・国内情勢に左右されて態度を決定し、できるだけ有利な対米戦の準備を目指すという点では、及川首脳部と大差はなかったからである。

以上みてきたように、海軍の言動には、それを成り立たせる論理があった。彼らは官僚制という大枠の中で思考し、態度を決定しており、それゆえに、三国同盟等といった現在では問題のあると考えられる政策も、彼らにとっては当然で、「合理的」なこととして認識され、推進されていくことになるのであった。こうした間違った前提から出発するため、その過誤に気づかないパラドックス的な現象を、次に対米戦の政治過程の中にみていきたい。

開戦

海軍のジレンマ

なぜ戦争は起きたのか

プロローグにおいて、主観的な視点と客観的な視点の双方から考察することが、冷静かつ有益な議論のために重要であることを述べた。そうした二つの視点が最も必要となるのが、アジア・太平洋戦争開戦の政治過程を論じるときであろう。

自衛か侵略か

当時の政治主体の多くは、この戦争を「自衛」のため、やむを得ず戦ったものと宣伝していたし、彼ら自身も多くはそう考えていた。大多数の国民もそう信じていたであろう。第二次近衛文麿内閣のもと、日本が一九四〇年九月にフランス領インドシナ半島北部に進駐したことをうけて、アメリカは屑鉄の対日輸出を禁止した。また、一九四一年七月に同半島の南部にまで日本が進駐した際には、アメリカは日本への石油の輸出を禁止した。そうした重要物資の大部分をアメリカに依存していた日本は、アメリカの禁輸によって、国家的な生存の危機を感じることになる。特に、石油の問題は深刻であり、アメリカから調達できない状況において、もう一つの産地である東南アジアを確保することが現実的に検討され始めるのであった。また、当時の日本が進出していた中国からの撤兵をアメリカから要求されていたことも、日本にとっては死活問題と認識されていた。

アメリカからの圧力に対抗するため、日本は一九四一年一二月八日にアメリカに対して真珠湾奇襲攻撃を、イギリスに対してマレー半島への上陸を行い、両国との間で戦争を開始した。同時に、戦争継続のための資源を確保すべく、東南アジア全域に侵攻するのであった。当時の政治主体は、国家的生存を賭けて、アジア・太平洋戦争を開始したと考えていたのである。

もちろん、プロローグでも述べたように、主観的には自衛を目的にしていたからといって、この戦争を客観的に自衛戦争であったと評価することはできない。自衛とは本来、相手から先制攻撃を受けたときのみ成立する概念である。また、自国の生存のためとはいえ、第三国の資源の収奪を目指し、実際に行い、多数の人を殺したこと自体が、正当化されて良いはずなどない。プロローグで紹介した倒産寸前の会社の社長の例えを思い出していただきたいが、社員を守るためとはいえ、無関係の第三者を犠牲にして許されるはずもないし、その前に会社の経営戦略の見直しや、事業の縮小など、やるべきことは沢山ある。大きな痛みを伴う改革ではあるが、その痛みは犯罪に手を出すことを決して容認する理由とはならない。それと同じように、もしアメリカに禁輸によって国家の命運を握られ、生存を脅かされたと感じたとしても、第三国に侵攻し、資源を奪った時点で、それは侵略なのである。それを自衛と評価するのは、自衛権の曲解である。客観的に評価をしたとき、この戦争は侵略戦争であったと断じる他はない。

しかし、同時に、それは客観的にみた場合であり、彼らが本当に危機感を感じて戦争を開始したのも事実である。末端の兵士たちが家族や国家を守ろうとした、その気持ちまでを否定するつもりもない。客観的にみずに、そうした個々人の想いだけから、この戦争を自衛戦争と評価することが問題なだけである。

そうした自衛の意識は国家首脳部においても深刻であり、彼らは特に、石油の備蓄量に危機感を抱いていた。戦時の消費量であれば一年半前後分しかない石油を、軍隊の維持のために急速に食いつぶさざるを得ない状況の中で、余力のある内に戦争をしなければ、石油の備蓄が底をついた際に、日本はアメリカに対して発言力を全く持てなくなってしまう。当時の政治主体の多くにそのような危機感があったことはまぎれもない事実である。戦争全体を客観的には侵略戦争としつつ、彼らのそうした焦りやジレンマに視線を投じなければ、日本がなぜ無謀な戦争を開始したのかは、絶対に説明できない。

現在、侵略が明白な悪であるということは、ほぼすべての日本人が認めることであると思うし、悲惨な歴史を繰り返してはならないということに異議を唱える人も少ないであろう。なぜ、戦前の日本が平然と侵略行為をしたのかに疑問を抱く人も多いかもしれない。だが、戦前の多くの人が、自分たちのやっていることが侵略だと思っておらず、自衛のために仕方なく戦争を開始したと信じていたとするならば、自衛のために知らず知らずのうちに侵略戦争を開始していたというパラドックスのような状況を、我々はしっかりと把握しておく必要があろう。そうせずに、自らの生存を脅かされていると感じたとき、他国を犠牲にしてでも自分たちだけが生き残ろうという欲望を抑え、自らの改革に向き合うことができると、我々は本当に自信を持って断言できるであろうか。

日米対立の本質

複数の研究を総合して考えたとき、日本とアメリカとの戦争の原因を明確な利害対立に求めることは難しい（ここでの記述は主に、以下によ

る。森茂樹「大陸政策と日米開戦」、歴史学研究会・日本史研究会編『日本史講座九　近代の転換』、東京大学出版会、二〇〇五年)。

日本とアメリカとの間の対立には常に中国問題が存在しており、満州と呼ばれた中国東北部での機会均等を求めるアメリカと、満州を独占的に確保したい日本との間で、利害は日露戦争後あたりから常に衝突していた。だが、アメリカにとっての中国での経済活動や利権といったものは、決して死活的利害であったわけではない。極端な言い方をすれば、アメリカは中国での経済活動がままならなかったとしても、それを国家の存亡と結びつけて考えることはなかったのである。主な投資先も、日本が満州に投資の重点を置いていたのに対して、アメリカは上海《シャンハイ》などの中国南部に投資をしていたので(長幸男「アメリカ資本の満州導入計画」『日米関係史　開戦に至る一〇年(一九三一―一九四一年)三　議会・政党と民間団体』東京大学出版会、一九七一年)、客観的にみて、中国における両者の利害対立は戦争に訴えてまで解決する性質のものではなかった。

むしろ、アメリカが国家の存亡に影響を与えるものとして考えていたのは、当時第二次大戦を戦っていたヨーロッパにおける、ドイツの攻勢であった。そもそも、日本がアメリカ大陸にまで艦隊を派遣する恐れはほぼ皆無であったのに対し、ドイツがヨーロッパを席巻した場合、その影響は、ヨーロッパと密接な関係にあった中南米を通じてアメリカの本土防衛を直接危険にさらす可能性が高かった。そのため、ドイツを封じ込めてから日本を抑えるという、「大西洋第一主義」をアメリカはとっていたのである。

よって、死活的な利害である自国の防衛と、死活的ではない東アジア地域における利害とを勘案したとき、アメリカが対日妥協を行うことはなかったであろうが、同時に、ヨーロッパで大戦が継続されている限り、アメリカから日本を攻撃する可能性もきわめて低かった。アメリカは禁輸といった経済制裁で日本を抑え込もうとしており、また、それで十分であると考えていたのであった。

開戦決定の責任官庁

右のように、アメリカは一九四一年の段階において、日本との戦争の可能性を低く見積もっていたし、少なくとも、アメリカには日本との間に戦争に訴えてまで解決すべき死活的利害はなかった。このように、国際関係だけからみていたのでは、日本とアメリカが戦争をしなければならなかった理由は判然としない。特に、右のようなアメリカ側の事情にもかかわらず、日本から戦争をしかけたのは、なぜであったのか。その理由として、石油を始めとした重要物資の供給が止められているという日本の焦りが、意味を持ってくるのである。

しかし、日本が自衛のため、重要物資獲得に向けて何らかの手を打たなければいけないと感じたとしても、すぐに戦争という手段を選択するとは限らない。なぜならば、そこに行き着くまでに打つべき手はいくつかあったし、アメリカの国力・戦力が日本に比べて途方もなく巨大であったことは、当時の日本の大部分の政治主体にとっても常識であった。アメリカとの戦争が困難を極めるものであることは、当時のほぼすべての政治主体が理解しており、それは安々と決意できるものではなかった。そのため、日本側がどのようにアメリカとの交渉を諦め、「開戦もやむを得ない」と考えていくのかが、次に問題となる。

では、そもそも誰が諦めれば、開戦が決定されるのであろうか。すでに説明した通り、帝国憲法体制においては、国務大臣単独輔弼制のもと、各省はそれぞれ管掌する業務において、排他的で独占的な立案と執行の権限を持っていたのであるから、アメリカとの戦争は、外交交渉を担当する外務省が諦め、太平洋上での軍事作戦に責任を持つ海軍が容認することによって、初めて可能となるのであった。外交交渉や太平洋上での軍事作戦を任務としない陸軍は、普段は大きな政治的影響力を発揮していたとはいっても、自らの管掌範囲に関係する問題が生じない限り、海軍や外務省の業務に干渉することはできない。したがって、分析するべきは外務省と海軍であり、両者が日本を遥かに凌ぐ物量と軍事力を前にしながら、無謀とも言えるアメリカとの戦争を仕方のないものとして容認していく、その思考の流れである。

松岡外交

では、外交交渉の主管者であった外務省は、どのように対米交渉を行い、なぜそれに失敗したのであろうか。それらの問に答えるためには、第二次近衛文麿内閣で外相を務めた松岡洋右《まつおかようすけ》の外交政策、第三次近衛内閣で外相豊田貞次郎とともに、対米交渉に積極的に関与した近衛文麿の外交政策、そして、東条英機《とうじょうひでき》内閣で外相を務めた東郷茂徳《とうごうしげのり》の外交政策を、それぞれみていく必要がある（以下、ここでの記述は主に前掲森「大陸政策と日米開戦」）。

まず、第二次近衛内閣で外相となった松岡洋右についてみてみたい。彼は非常に毀誉褒貶《きよほうへん》の激しい人物であるが、多くの場合、一貫した外交政策を持たず、場当たり的な外交を展開したうえに、強硬論を唱えて政局をかき乱していた存在として描かれることが多い。

図7　松岡洋右

ところが、近年、森茂樹氏が明らかにしたところによると、松岡はある面で非常に緻密な外交政策を持ち、その実現を目指した人物であった。彼が目指したのは、ドイツ・イタリア・ソ連によるアメリカ包囲網を形成し、日本のアジア支配をアメリカに認めさせることであり、そのために、日独伊三国同盟と日ソ中立条約を締結したのであった（森茂樹「第二次日蘭会商をめぐる松岡外相と外務省」『歴史学研究』七六六、二〇〇二年）。

さらに、そうした外交政策を進めるためには、軍部の統制がどうしても必要だったが、松岡はシンガポール占領といった、軍部をも越える強硬論をあえて唱えることで、そこまでの準備を整えられていない軍部を萎縮させ、軍部を抑えようとしていたのである。そのように、松岡の強硬論には軍部統制という意味が込められていた。

また、松岡はそうした強硬論を主張するメディアにも注意を払っていた。国内向けのメディアでそうした強硬論を主張して軍部を抑えつつも、それがアメリカに伝わらないようにすることを常に心掛けていた一方で、アメリカ向けのメディアでは、微妙ながらも確実に交渉妥結に向けたサインを出し続けることで、アメリカに関係改善に向けての意欲を伝え、妥協を訴えていたのであった（森茂樹「松岡外交における対米および対英策」『日本史研究』四二一、一九九七年）。

しかし、対米圧力増大のために形成しようとした日本・ドイツ・イタリア・ソ連の四国協商体制は、一九四一年六月に独ソ戦が始まってしまったことで、完全に崩壊してしまう。また、原則主義外交を貫くアメリカには、松岡の意図は十分伝わってもいなかった。

近衛の対米交渉

破綻した松岡外交からの転換を図るため、第二次近衛内閣は総辞職し、外相を松岡から海軍出身の豊田貞次郎に変えることで、再び近衛が内閣を組織し直した。以後、対米交渉に、首相である近衛が直接関与していくようになる。

アメリカが石油の対日禁輸といった経済制裁を強めることで、近衛は強い焦りを感じていた。石油の備蓄は戦時消費量の一年半前後分しかなく、松岡が目指した、対米圧力を強化するような国際環境を形成してアメリカに譲歩を迫るというような時間はない。そのため、近衛はアメリカとの間での二国間交渉によって、早期の妥協を目指していくようになり、太平洋上でのアメリカ大統領フランクリン＝ローズベルトとのトップ会談を画策するのであった。

近衛はアメリカに譲歩を迫るような国際環境を形成できない以上、大幅な譲歩を覚悟していた。そのためには、アメリカが求めていた中国からの撤兵について、どうしても国内合意を調達する必要があった。だが、陸軍はそれに強く反対していくことになる。陸相東条英機は「駐兵問題だけは陸軍の生命であつて絶対に譲れない」や「軍の士気維持の上から到底同意し難い」と発言し（前掲近衛『平和への努力』九二〜九三頁）、陸軍という組織の維持の観点から中国への駐兵を主張するのであった。

陸軍が組織の維持のために中国からの撤兵に反対することは、陸軍が国家よりも陸軍の組織利益を優先していたことを示している。だが、陸軍の側からみれば、陸軍という組織が維持できなくなってしまえば、日本は国防を全うすることができないわけであるから、中国からの撤兵は国家の崩壊につながりかねない問題と映るのであった。そのため、陸軍には国家を丸裸な状態にしてまでアメリカとの妥協を近衛が企図することは、本末転倒に感じられたことであろう。これもまた、パラドックス的な状況であるが、組織の維持という、本来ならば国家の存立とは秤にかけられない問題が、国防への強力な自負を持つがゆえに正当化されてしまうのである。陸軍は当然の主張を展開しているようでありながら、破滅に至る道を選ぶことになるのであった。

結局、近衛・ローズベルト会談の実現の見込みもなくなり、対米譲歩のための国内合意も調達できない第三次近衛内閣は、一九四一年一〇月に総辞職を余儀なくされた。

外務省の諦め

その後、内大臣木戸幸一《きどこういち》のイニシアティブにより、アメリカへの譲歩を否定していた陸相の東条英機が内閣を組織することになる。責任のある地位につければ、東条は強硬論を主張できなくなると、木戸は考えており、天皇も国策の再検討を東条に命じたことで、東条内閣は戦争の可否を白紙の状態から再考するとともに、対米交渉も継続されることになる。

その東条内閣で外相となったのが、東郷茂徳であった。東郷のもとで、外務省は対米交渉を諦めていくことになるのであるが、東郷本人は、非常に優秀な外交官であった。駐ソ大使時代には多くの困難な外交案件を粘り強い交渉で解決した実績を持っていた（森茂樹「東郷茂徳　『親ソ派』外交官の軌跡」、佐道明広・小宮一夫・服部龍二編『人物で読む現代日本外交史　近衛文麿から小泉純一郎まで』吉川弘文館、二〇〇八年）。

図8　東郷茂徳

しかし、東郷に残された時間は、あまりにも少なすぎた。海軍は石油を急速に空費していることに焦っており、また、作戦地域の気象条件から、開戦するとすれば遅くとも一二月が限度とみていた。陸軍も、翌年春にソ連を攻撃するとすれば、冬の間に南方を占領し、石油等の重要軍需物資を確保しておかなければならないと考えていた。そのため、東郷に与えられた交渉期間は一ヵ月半から二ヵ月程度であり、当然、アメリカとの二国間交渉で早期の妥協を目指していくことになる。

問題は、東郷が「東亜新秩序」もしくは「大東亜共栄圏」と呼ばれるような、日本の実質的なアジア支配を当然視していたことである。そのため、門戸開放の原則に固執するアメリカとは、根本的に相容れない外交目標を、東郷は追求することになるのであった（前掲森「大陸政策と日米開戦」二九四〜二九五頁）。日本のアジア支配という目標を優先するのであれば、松岡のように、それをアメリカに認めさせる環境の構築が必要であり、交渉の早期成立を重視するのであれば、近衛のように、大きな譲歩も覚悟しなければならない。ところが、東郷は、アメリカが到底認めない外交目的を、環境の整備や譲歩を考慮せずに実行しようとしたことになってしまい、有名なハル＝ノートによって、彼は日本が求める国際秩序がアメリカに絶対に認められないことを悟り、交渉を断念していくのであった。

ここで考えておかなければならないのは、東郷が「なぜ交渉を諦めたのか」ということ以上に、「なぜ交渉を諦められたのか」ということである。東郷の諦めは、対米戦を担当する海軍が武力行使を決意していたからこそ初めて可能だったのであり、もし、海軍が戦争に反対していたとしたら、外交もまた譲歩を余儀なくされたはずである。海軍が対米戦を決意していたからこそ、東郷は譲歩よりも交渉の放棄を選んだのだった。つまり、対米開戦のいわばポイント・オブ・ノー・リターンは、海軍が戦争を決意した一〇月三〇日であったと言え、海軍が決意したから最終的に戦争は起きたのだとも言える。以下、海軍がどのように戦争を決意していくのかをみていきたい。

「帝国国策遂行要領」と海軍の意識構造

一九四一年七月の、日本のフランス領インドシナ半島南部への進駐と、それに対してのアメリカによる石油の対日禁輸や在米日本資産の凍結といった経済制裁により、対米戦を覚悟した者たちは海軍にも多い。

海軍省首脳部と海軍中堅層

軍令部総長であった永野修身《ながのおさみ》は天皇に対し、「国交調整不可能なりとし、従って油の供給源を失ふこととなれば、此儘《このまま》にては二年の貯蔵量を有するのみ、戦争となれば一年半にて消費し尽すこととなるを以って、寧《むし》ろ此際打って出るの外なし」という意見を述べ、「永野の意見は余りに単純なり」と、天皇に憂慮されている（木戸幸一著、木戸日記研究会校訂『木戸幸一日記』東京大学出版会、一九六六年、八九五～八九六頁）。

また、海軍の中堅層も強硬な意見を持っており、種々の協議で日常的に彼らと接する陸軍中堅層は、「海軍少壮連ハ何レモ強硬南進ナリ」と、業務日誌に記している（軍事史学会編『防衛研究所図書館所蔵　大本営陸軍部戦争指導班　機密戦争日誌』錦正社、一九九八年、一三九頁）。

しかし、海軍の態度は、そうした強硬論者たちの意見のみによって決定されていたわけではない。七月末から八月上旬にかけて、海軍内で「帝国国策遂行方針」という文書が審議され、八月一六日に陸軍側に提示された。これが後に修正を重ねて、九月上旬に「帝国国策遂行要領」となっていくわけであるが、陸海軍中堅層間での協議中、海軍中堅層は「盛ンニ上ニ通ル様ナ作文ニセラレ度ヲ強調」するのであった（前掲『機密戦争日誌』一四九頁）。海軍中堅層が自分たちの意見を首脳部に認めさせるのに必死になっていたということは、中堅層の意向が無条件に海軍全体の意見とはならなかったことを示している。その理由は、前章で説明した通りである。

図9　永野修身

事実、「帝国国策遂行要領」の形成過程において、首脳部の手によって、海軍案は次々と後退していくことになる。

　原案となった海軍作成の「帝国国策遂行方針」の原文は発見されていないが、その骨子は「戦争ヲ決意スルコトナク戦争準備ヲ進メ此ノ間外交ヲ行ヒ打開ノ途ナキニ於テハ実力ヲ発動」というものであり、戦争を決意せずに戦争を準備することなどできないと考える陸軍はこれに当初反対していたが、首脳部の意向を気にする海軍中堅層の苦衷を察して、消極的ながら同意したのであった。陸軍省から参謀本部へは、そうした陸軍が認められない案に同意せざるを得なかったのは、「勉《つと》メテ海軍案ノ主旨ヲ取入レアリ」と説明されていた。ところが、海軍から陸軍に出された第二修正案では、「対米英決意ナキハ勿論対米英戦争準備ノ字句抹殺〔ママ〕　援蔣補給路遮断作戦準備ト変更シアリ」となっており、海軍への配慮から陸軍が認められない案にしぶしぶ同意していたにもかかわらず、さらに戦争の決意どころか準備すらもしないという海軍の態度の変化に、陸軍は「海軍側ノ腰抜驚キ入リタル次第」と憤慨していた（以上、前掲『機密戦争日誌』一四九～一五〇頁）。

　そうした海軍の態度の後退は、首脳部の意向によるところが大きい。海軍省軍務局長の岡敬純《おかたかずみ》は、「決意ニ絶対不同意N工作不成立ノ場合ニ於テモ尚欧州情勢ヲ見テ開戦ヲ決ス」と（前掲『機密戦争日誌』一五〇頁）、戦争の決意をすることに強い懸念を抱いていた。

N工作というのは駐米大使の野村吉三郎《のむらきちさぶろう》によって進められていた対米交渉のことであるが、その交渉が不成立の場合に戦争の決意をするとなると、海軍よりも遙かに政治力のある陸軍に押し切られてしまうことを懸念したのであろう。

結局、「帝国国策遂行要領」の第一項は、岡の主張を容れて、「帝国ハ自存自衛ヲ全ウスル為対米、(英、蘭)戦争ヲ辞セサル決意ノ下ニ概《おおむ》ネ十月下旬ヲ目途トシ戦争準備ヲ完整ス」となったのであった。「戦争ヲ辞セサル決意」という文言は、戦争をしないことまでも含んだ、非常に緩やかなものである。

首脳部の戦術

ここまでみてきた「帝国国策遂行要領」の形成過程において、陸海軍の間で顕著であった意見の違いは、開戦までのプロセスをどのように考えるのかという点である。陸軍は戦争を決意してから動員し、その上で派兵という流れを考えていたのであるが、海軍は戦争の決意をしない状態での、万一のための準備をしたうえで、状況に応じて戦争の決意を行い、開戦をするという流れを想定していた。

陸海軍の間でそのように開戦プロセスに違いが生じていたのは、両者の軍備の特徴によっている。陸軍は海軍と比較にならないほど、大規模に人を動かす。動員すれば、一つの師団管区の中だけでも、万単位の予備役兵が約四八時間以内に離職を余儀なくされ、召集されるのである。戦争の決意をせずに、それほどの人員を動員することはできないし、動員してから、戦争が起きなかったでは済まされない。

一方、海軍が動かすのは物資と軍艦が主であり、社会的な影響は陸軍に比べればはるかに少ない。そのため、海軍は戦争を決意せずに準備をすることが可能であり、大規模に人を動かす陸軍に対して、物資を動かす海軍は柔軟に開戦までのプロセスを決めることができるのである。

そうした戦争の決意をいつ行うのかについての大きな意見の隔たりにもかかわらず、陸軍がそれでも最終的に海軍案を受け入れたのは、アメリカとの戦争が海軍の主管とするものであったため、海軍の意見を尊重したからであろう。

ただし、海軍の中にも、戦争決意の先行を求める者はいた。たとえば、軍令部次長の近《こん》藤信竹《どうのぶたけ》は、「此ノ状態トナリテハ英米戦決意ノ時機ナリ　速ニ徹底的戦備ヲナス必要アリ」と、開戦決意と軍備増強の必要性を次官の沢本頼雄《さわもとよりお》に訴えていた。ところが、沢本は近藤の主張する戦争決意の必要を認めずに、「少クトモ独蘇戦　米独戦ノ目ハナツクマデ観望シテ油ｅｔｃヲ取リ入ルル手段ニ出ルヲ可ナリト認ム」と、国際情勢の変化に期待して石油を獲得することを目指すべきであると主張したのであった（「沢本頼雄海軍大将業務

メモ（叢一）」、防衛省防衛研究所図書館、一九四一年七月二九日条）。

このやりとりからわかることは、海軍省首脳部が国際情勢の変化に伴って石油を獲得する手段が現れることを期待していたことである。石油さえ確保できてしまえば、アメリカとの戦争を焦る必要は全くなくなる。彼らが開戦プロセスの違いを利用して、戦争決意の時期を先延ばしにし、さらには決意という文字をも文書に盛り込むことを避けようとしていたのも、すべて国際情勢が変化するまでの時間を稼ぐためであった。

そうした、国際情勢が変化するまでの時間をかせぐという傾向は、「帝国国策遂行要領」が決定される最終段階である九月六日の御前会議においてもみられた。

九月六日の御前会議

図10　及川古志郎

この会議のハイライトが、枢密院議長の原嘉道《はらよしみち》と海相の及川古志郎との間で交わされたやりとりの後に、御前会議において普通は発言をしない天皇が、「四方《よも》の海みな同朋《はらから》と思う世になど波風の立ちさわぐらん」という明治天皇御製の和歌を詠み、異例にも外交交渉の継続を求めていくという部分であることはよく知られている。

だが、その直前の及川の発言では、あまり注目されることがないものの、非常に重要な論点が出されている。会議中、軍令部総長の永野が「帝国トシテハ先ヅ最善ノ準備ヲ尽シ機ヲ失セズ決意」と（参謀本部編『杉山メモ（上）〈普及版〉』原書房、二〇〇五年、三一五頁）、戦争の準備をしてから決意をするという、これまでみてきたような海軍独自の開戦プロセスを説明したことに対し、枢密院議長の原が「外交的手段駄目トナレハ好ムト好マサルトニ拘ラス最悪ノ場合戦争トナルダラウ。而シテ之ハ適当ナ時ニ決意スルヲ要スル。ソコテ戦争準備ヲヤルノテアルト諒解スル」と（前掲『杉山メモ』三〇八頁）、戦争決意の後に準備がなされるべきであるという意見を述べた。

その原の意見に対して、及川はすかさず起立して発言をした。その発言では、原が主張する海軍の考え方とは違う開戦プロセスの問題には触れず、どのタイミングで準備を行うのかという点を曖昧にしたまま、「目途ナキ場合ニハ戦争ノ決意迄行フト云フノテアル。而シ之ヲ決意スルノハ廟議《びょうぎ》テ允裁《いんさい》ヲ戴クコトトナル」と述べた（前掲『杉山メモ』三〇八頁）。この及川の発言の意図は、開戦プロセスの違いの問題は陸海軍ですでに合意したことであるので、それを蒸し返すことを避けたうえで、さらに外交交渉の頓挫によって自動的に開戦が決意されることを防ぐために、戦争決意を行うには再度の会議が必要であると明言することにあったと思われる。前述のように、開戦プロセスの違いを利用するのは、国際情勢が変化するまでの時間を稼ぐためであった。及川はその点を十分に理解し、さらに確実にその目標を達成するため、巧みに論点をすり替えて、開戦時期を引き延ばすための場を設定したのであった。

原と及川のやりとりでは、この他に、原が「戦争カ主テ外交カ従テアルカノ如ク見エル」と述べたことに対して、及川が「第一項ノ戦争準備ト第二項ノ外交トハ軽重ナシ」と発言したことを受けて（前掲『杉山メモ』三〇八頁）、天皇が外交の重要性を強く訴えたことから、この会議全体が戦争と外交の優先順位を議論したものと総括されてしまいがちである。だが、開戦時期の引き延ばしを目指す海軍省首脳部にとっては、開戦までに必要な会議を一つ増やせたことの方が、より重要であったと思われる。

以上のように、海軍省首脳部は国際情勢が変化して石油を手に入れる手段が現れることを期待し、そのために開戦決意を引き延ばして、少しでも時間を稼ごうとしていた。海軍省首脳部は決して無策であったわけではなかったのだった。

しかし、その海軍省首脳部の態度は、しばしば曖昧であると批判される。では、海軍省首脳部はなぜそのような曖昧な態度をとったのであろうか。彼らの姿勢を責任回避と批判するのは簡単であるが、そもそも、彼らの考える責任と、我々、もしくは当時の海軍の周囲が海軍に求める責任とは、果たして本当に同じであったのだろうか。

曖昧な態度の理由

まず、海軍省首脳部は、どうして強硬論を唱える軍令部を抑え、戦争を回避する方向で意思統一ができなかったのであろうか。海軍省首脳部が戦争に消極的とみられる一方で、軍令部が強硬論を唱えていれば、海軍の態度はきわめて曖昧であるとみられたはずである。そこには、海軍省は軍政を担当し、軍令部が作戦を担当するという、海軍内部での業務分担の問題があった。

戦後の及川は、「海軍作戦の持続力のことは、永野さんの意見によったものなり」などといった回想をしている（新名丈夫編『海軍戦争検討記録会議』毎日新聞社、一九七六年、二六頁）。及川を始めとした海軍省としては、作戦の見通しについては責任者である永野を始めとした軍令部の判断に、そもそも依存せざるを得ないのである。軍令部は実際の作戦に責任を持たねばならず、そのために、作戦本意で考える必要があるし、そこで軍令部から出された見通しは、海軍省も受け入れざるを得ない。

そこで、海軍省が戦争に消極的であるにもかかわらず、作戦についての見通しについては、軍令部の強硬な意見が海軍の意見として外部に表明されることになる。

また、海軍が他の政治主体と意見を調整する際に問題となるのは、海軍がどこまでを自分たちの管掌範囲と考えていたのかということである。官僚制においては、各省が業務を分担することでその処理効率を向上させる一方で、ある事項について意見を求められても、それが自己の管掌範囲を越えると判断された場合、態度は曖昧にならざるを得なくなる。

実際、海軍次官の沢本頼雄は、日記に「海軍ハ国民ガツイテ来レハ何所迄モ戦フヘキモ資材ノ尠《すくな》キ武力疲憊《ひはい》セル状況ニテヨク持久シ得ルヤ疑問ナリ」と記し、「避戦ハ国力ノ問題ナリ」と考えていた（「沢本頼雄海軍大将業務メモ（叢二）」防衛省防衛研究所図書館、一九四一年八月一日条）。また、永野は海軍の任務を、「国防方針ニ基ク西太平洋ニ於ル国防ノ安固ヲ維持」することであると述べている（前掲「沢本頼雄海軍大将業務メモ（叢二）」一九四一年八月二六日条）。そして、連合艦隊司令長官の山本五十六は日独伊三国同盟締結後に近衛文麿へ、「それは是非やれといはれれば初め半歳か一年の間は随分暴れて御覧に入れる。然ながら二年三年となれば全く確信は持てぬ」と述べていた（前掲近衛『平和への努力』三二頁)。

これまで、そうした海軍の言動は、海軍が重大な案件について、責任を回避するためになされたものであると解釈されてきた。だが、前述した官僚制における管掌範囲の原則をもふまえて考えてみると、海軍の言い分も理解できないことはない。分立的な帝国憲法体制において、従来は元老等によって担われてきた国策の総合判断を、突然海軍のみで行うように周囲から求められたとしても、海軍は戸惑ったであろう。海軍は開戦後に行われる短期間の戦闘までを海軍が単独で責任の持てる事項と認識しており、それ以降を見通すことは国力の総合判断に基づかなければならないため、一官庁では不可能と考えていたのである。これまでの海軍の言動に対する批判は、現在の視点から、海軍が国家全体を視野に入れて態度を決定しなかったことに向けられているが、当時の海軍はそれを自己の任務だとは考えていないし、それをしないことが必要とすら考えていたのである。「軍人は政治にかかわらず」を信条とし、軍事的な観点から必要なことを主張し、それが政治家に受け入れられなくてもそれに従うという姿勢を美徳と考える海軍が、政治家の領域と考える国力の総合判断に口を挟むことは、まず期待できなかったと思われる。おそらく、当時の海軍は、自分たちが間違ったり、視野の狭いことを言ったりしているとは考えていなかったであろう。

及川の判断

では、海相の及川は、そうした海軍の考える管掌範囲を、どうして近衛ら他の政治主体に理解させようとしなかったのであろうか。及川がそれをすれば、歴史は変わったかもしれない。だが、海軍省首脳部はかなり難しい立場にあった。海軍次官の沢本は、そのような海軍の立場を説明することで、海軍の意見が「全面的ニ戦備中止論トモ取ラレ」てしまい、「海軍トシテハ誠ニ困ル立場トナル」と考えていた（前掲「沢本頼雄海軍大将業務メモ（叢二）」一九四一年八月一五日条）。海軍にとって、国力の問題からアメリカとの戦争が困難であることは火を見るよりも明らかであった。だが、万一戦争が起きれば、遅滞無く軍事行動を実行する責任も海軍にはある。何か戦争に消極的な発言をして、もし物資の割り当てでも減少してしまえば、万一の際の責任が全うできなくなってしまうので、軽々しく万一の備えを疎かにさせるような口実を与えることもできない。こうした執行責任の生み出すジレンマによって、及川は海軍の考えを周囲にストレートに表明できなかったのであった。そして、海軍は自己の任務の可否を国家の盛衰と連動させて考えているので、海軍の組織利益を守るための自分たちの言動を、決して狭い視野からのものとは認識していないのである。

つまり、これまで海軍に対してなされてきたような、国家的な見地に立たずに、官僚的な意思決定に終始したという批判は至当であるが、同時に、海軍の態度は官僚的な見地からみればきわめて自然であり、そうであるがゆえに、現在の視点からは彼らの行為が愚かしいことは明らかであっても、彼らはそれに気付かずに、知らず知らずのうちに破滅への道を進むことになるのであった。

海軍のジレンマと第三次近衛内閣

「総理一任」発言

「帝国国策遂行要領」には、それまでの諸決定と明らかに違うことが一つあった。それは、戦前の文書にしては珍しく、「期限」が設けられていたことである。要領の第三項には「十月上旬頃ニ至ルモ尚我要求ヲ貫徹シ得ル目途ナキ場合ハ直チニ対米（英、蘭）開戦ヲ決意ス」と記されていた。期限である一〇月一五日がくれば、要領にしたがって、戦争を決意しなければならない。その日が近づくにつれ、交渉が進捗しないために、戦争に慎重な勢力は焦りを感じていた。アメリカとの戦争が困難極まるものであることは誰もが知っており、できることなら交渉を継続したいと考えている。ところが、それを言い出せば、その責任を負わされることになる。それも、誰もが避けたいと考えていることであった。

海相の及川は、海軍省内においては、「此ノ際戦争ヲ行ハサルニアルハ御承知ノ通リナリ」と述べており（前掲「沢本頼雄海軍大将業務メモ（叢二）」一九四一年九月四日条）、確かに戦争を回避したいと考えていた。だが、海軍内部でその方針を明確にしたとはいっても、海軍が決定の全責任を負うと決意したわけでもない。

そのため、一〇月一五日が近づくにしたがい、戦争の決意をしたくはない第三次近衛内閣の中で、戦争回避の責任をめぐって駆け引きが展開されることになる。そこで、最終的に、一〇月一二日の五相会議の場で及川によってなされたのが、有名な「総理一任」発言である。

この発言を伝える史料としてしばしば引用されるのは、「今や和戦何れかに決すべきかの関頭《かんとう》に来た。その決定は総理に一任したい。で和でゆくならば何処までも和でゆく。即ち多少の譲歩はしても交渉を飽《あく》までも成立せしめるといふ建前で進むべきである。交渉半ばにして交渉を二三ヶ月してから、どうも之ぢやあいかんといふので、さあ、これから戦争だ。といはれては海軍としては困る。戦争をやると決すれば、今此処できめなければならん。今がその時機に来てゐる。やらないといふことであれば、飽まで交渉を成り立たせるという建前の下に進んで貰ひたい」という、近衛の手記である（前掲近衛『平和への努力』九二頁）。この史料では、及川が二者択一を迫っているようでありながら、戦争の見通し等については述べず、あえて選択肢を狭めて戦争回避の政治的決断を近衛に訴えたものとして語られている。この発言のせいで、海軍省首脳部は「和戦」を決定する責任を近衛に一任したものと考えられ、しばしば完全な責任の放棄と批判される要因となっている。

しかし、及川はこのとき、「和戦の決」を近衛に一任したとは考えにくい。これまでみてきたように、海軍省首脳部の戦術とは、国際情勢が変化するまでの時間を稼ぐために、決定そのものを引き延ばすことであった。そうした及川が、最終的な決断を近衛に期限まで三日も残した状態で迫ったとは考えられない。

事実、一〇月一日に、及川から近衛へ、①国交調整に全力をあげること、②一〇月一五日の期限を延期すること、③在職の上「臣節」を全うすること、④海軍は近衛の国策に全面的に協力することの四点が申し入れられている（前掲「沢本頼雄海軍大将業務メモ（叢二）」一九四一年一〇月一日条）。及川らは一〇月一日の時点で、一〇月一五日に「和戦」の決定をしようとは考えておらず、決定の期限そのものを先延ばしして、やはり時間を稼ごうとしていたのであった。一〇月一二日の五相会議の場でも、おそらく及川からなされたのは「和戦」の決ではなく、その時期を引き延ばす提案であったと思われる。
ところが、及川のそうした意図が十分に伝わらず、近衛が及川の発言を「和戦の決」を一任したものとして理解していたことも事実である。それだけ、両者が考える開戦プロセスは異なっていたのであり、及川を始めとした海軍省の首脳部は、近衛や陸軍に海軍の考え方を浸透させられていなかったのであった。及川の「総理一任」発言とは、そうしたことを示すものなのである。

海軍省首脳部の動向

及川は何もしていなかったわけではない。一〇月一日に、及川は対米強硬論を唱える軍令部総長の永野に対し、同日近衛へ一〇月一五日の期限延期を申し入れたことを報告し、永野からその賛成を得ている（前掲「沢本頼雄海軍大将業務メモ（叢二）」一九四一年一〇月三日条）。また、一〇月七日には、陸相の東条に対して、「外交交渉ヲ主トシテ極力ヤル御趣旨ナルヲ以テ此ノ点ヨリスルモ交渉ノ余地モアリ　又時日モ巾ノアルモノト考ヘテ居ル」と述べ（防衛庁防衛研修所戦史室編『戦史叢書　大本営海軍部大東亜戦争開戦経緯（二）』朝雲新聞社、一九七九年、四八五頁）、交渉の期限を柔軟に解釈して乗り切ることができると主張し、暗に決定時期の引き延ばしを求めたのであった。

そうした努力にもかかわらず、及川は近衛や陸軍に、海軍の考え方を納得させられていなかった。及川は決定的な点について、近衛や陸軍との間に、はっきりと海軍の考え方を主張できていなかったのである。

それには、先ほどみたような、海軍独自の管掌範囲認識と、執行責任に伴うジレンマが影響している。前述したように、海軍は開戦後のごく短期間の戦闘のみが、海軍の単独で責任の持てる事項であると考えていた。その一方で、近衛は陸海軍間での「完全ニ成算アリトノ意見一致」（前掲『高木惣吉　日記と情報』五五四頁）、つまりは、海軍が一〇〇％戦勝を保証することを求めており、当然その基礎には、海軍が戦争の全責任を追うべきであるという認識がある。海軍と近衛や陸軍との間には、誰が、どこまで判断を下すかについて、意見の隔たりがあったのだった。

そのように、両者の認識が大きく異なっている状況下で、何か戦争に否定的なことを言えば、戦争を遂行する気のない海軍には物資は必要ないのではないかという論理が成り立ち、海軍の対米戦への準備が進まなくなる可能性が考えられた。事実、当時人事局長だった中原義正《なかはらよしまさ》は、「海軍弱シトナリ国民ノ信用ヲ失ヒ海軍ノ充実ナド思ヒモヨラ」ずと（「中原義正日記　四／一二」防衛省防衛研究所図書館、一九四一年一〇月五日条）、その可能性を日記で述べている。もし、対米戦の準備が進まなければ、万一戦争が起きたときに、海軍はその任務を遂行できないことになってしまう。こうした、執行責任に伴うジレンマが、及川に海軍の考えをストレートに表明することをためらわせ、それによって、近衛にも陸軍にも、海軍の考え方を浸透させることができなかったのであった。

海軍内の不一致

前述のように、一〇月一日の海相の及川と軍令部総長の永野の会談において、及川は永野が戦争決意を行う時期そのものを引き延ばすことに同意しているとみていた。だが、やはり永野は時期の遷延には反対していたのであった。一〇月六日に永野は及川へ、「monsoon ノ為一一月末トモナラハ作戦困難トナル故ソノ時機ノ失セサル様ニセサルヘカラス」と主張している（前掲「沢本頼雄海軍大将業務メモ（叢二）」一九四一年一〇月六日条）。海軍の作戦行動の全責任を負う軍令部としては、時期の引き延ばしによって、軍令部の考える作戦が実行できなくなることをおそれ、時期の遷延に消極的になっていたと考えられる。

その傾向は軍令部全体について言えることである。一〇月一二日に海軍首脳部で会議が行われた際、「兎モ角只今丈ケノ状況ニテハ戦争ノ理由トナラス外交交渉ヲ更ニ進ムル要アリ」と、外交交渉を継続するという点では一致したものの、どこまで時期を引き延ばすのかについては、意見が海軍省首脳部の間でさえ割れていた。軍務局長の岡が「兎ニ角一月迄待テ」と言えば、及川は「ソノ短期ニテハ駄目」と反対し、次官の沢本が「三月迄延スベキ」と主張すれば、軍令部から「困ル、理由アルニ非レハ応諾出来ズ」という反対意見が出されたのである（前掲「沢本頼雄海軍大将業務メモ（叢二）」一九四一年一〇月一二日条）。

海軍省首脳部が時期を引き延ばすのは、国際情勢が変化して、石油を獲得する手段が現れるのを期待したからであるが、時間を稼いだからといって、石油が獲得できるような状況が生じる確かな保証などは存在しない。軍令部は不確かな見通しに、自己の責任をかけることなどはできなかったのだった。

永野を始めとした軍令部の発言は、担当する業務について、その責任を十全に果たそうという気持ちからきている。だが、国家全体の利害観測を判断の基準にあえて入れない、そうした永野を始めとした軍令部の意見によって、及川は海軍全体での意思統一をできず、陸軍ともそうした海軍の一致を前提として話し合えなくなってしまった。たとえば、一〇月六日に及川が「海陸成ルヘク衝突セヌ様努メマスカ喧嘩トナツテモカマワヌ覚悟ニテ交渉シテ宜ウコサイマスカ」と永野に尋ねると、永野は「ソレハドウカネ」と反対している

(前掲「沢本頼雄海軍大将業務メモ（叢二）」一九四一年一〇月六日条)。これによって、海軍の意見の迫力は、大きく損なわれたことだろう。

陸軍との対立と内閣総辞職

陸軍省軍務局長の武藤章が「海軍ガ戦ガ出来ナイト云ヘバ其レデ済ムノダ」と(前掲『戦史叢書　大本営海軍部大東亜戦争開戦経緯（二）』五〇六頁)、陸軍出身で企画院総裁であった鈴木貞一《すずきていいち》が「海軍ガ戦争出来ナイトナラバ陸軍ハ止メル又海軍ガ外交デ行クト総理ガ言ヘバ其レニテ可ナリト云ツテモ陸軍ハソレデ納得イクト云ツテ居ルトノ事ナリ」とそれぞれ述べるなど(前掲『戦史叢書　大本営海軍部大東亜戦争開戦経緯（二）』五一〇頁)、陸軍を中心として、海軍の態度を批判する声が多数あった。開戦決意の時期を引き延ばして時間を稼ごうとする海軍であったが、そのために戦争に自信が無いなどとは、決して言えなかった。そんなことを言ってしまえば、自分が担う執行責任を放棄することになってしまう。ところが、陸軍としては、開戦決意の時期そのものを引き延ばすのであれば、海軍の自信のなさから仕方なく妥協したというストーリーが、絶対に必要なのである。陸軍は冬の間に南方を攻略し、春には北方への攻勢に転じたいと考えており、開戦時期の判断が一〇月下旬以降にずれ込んでしまうことは避けたかった。

問題は陸海軍それぞれの組織の利害であったが、この場合には、他の場合と比べて、それぞれにとって譲歩がきわめて難しくなっていた。陸軍は対ソ戦を、海軍は対米戦をそれぞれ主管する組織であり、それらが実行できなくなってしまえば、組織の存在意義そのものが揺らいでしまう。陸軍はソ連から、海軍はアメリカから日本を守るという強い自負と責任を感じているのであり、それを自ら妨げるような言動は取れないのである。国家という視座から思考していないことが問題であるのだが、それぞれがそうした官僚的合理性に基づいて自己の態度を決定しているので、両者とも自らの行動を正当なものと認識することになってしまうのであった。

結局、海軍首脳部の間では、「大臣間ノ会談ハ却ツテ空気ヲ悪クシ　又陸海ノ意見相違ヲ表面化スルコトトナリ不可　寧《むし》ロ此ノ際近衛総理ガ強ク外交ニテ進ムコトヲ主張スルノ外ナカルベシトノ結論」という決定がなされ（前掲『戦史叢書　大本営海軍部大東亜戦争開戦経緯(二)』五一〇頁）、陸海軍間で意見を摺り合わせることができない以上、及川は近衛の指導力にかすかな期待をかけて、「総理一任」をするしかなかった。だが、その正確な意図すらも近衛に伝わらず、閣内不一致で第三次近衛内閣は総辞職するのであった。

この第三次近衛内閣において、独自の管掌範囲認識と執行責任に伴うジレンマから、海軍は自らが決定者となることを避けようとする傾向にあった。そうした海軍を議論の中心としていたため、第三次近衛内閣においては、対米戦が可能かどうかという、戦争の回避につながるような議論はあまりなされず、誰が決定をするのかということが重点的に話し合われてしまった。では、もし、海軍が対米戦を出来ないなどとは言わず、それでいて、海軍一人に決定の責任を負わせない状況が生まれてしまえば、形成された戦争へ至る空気はそのまま現実化しかねないことになる。それが起きたのが、次の東条英機内閣においてであった。

東条内閣と海軍の開戦決意

入閣当初の嶋田の意見

第三次近衛内閣の総辞職後、内大臣の木戸幸一のイニシアティブによって、組閣の大命は第三次近衛内閣で陸相を務めた東条英機に降下した。前述したように、強硬論を唱える東条を責任ある地位につけることで、東条が自重することを木戸は期待したのであった。だが、この内閣で日本は無謀な戦争を開始することとなる。

東条内閣の成立に伴い、海相が及川古志郎から横須賀鎮守府司令長官の嶋田繁太郎《しまだしげたろう》に替わった。この嶋田のもとで、海軍は一〇月三〇日に戦争を決意することになる。

しかし、嶋田は就任当初から戦争を決意していたわけではなく、むしろ、海軍内部で戦

図11　東条英機内閣

争回避の必要性を明言していた。一〇月二〇日、嶋田は海軍首脳部に対し、「作戦上ノ便否ニヨリ無名ノ師ヲ起コス可ラサル方針」（「嶋田繁太郎大将日記（昭和十六年）」防衛省防衛研究所図書館、一九四一年一〇月二〇日条）や「対米交渉ハ徹底的ニ行フヲ要ス　之ガ為メニハ作戦ノ機ヲ失スル故ヲ以テ早ク打切ルヲ要スト云フ如キハ暴論ナリ」（前掲『戦史叢書　大本営海軍部大東亜戦争開戦経緯（二）』五二三頁）と述べている。そのどちらも、軍令部がその職責から作戦時期の問題を外交に優先させようとすることを批判したものである。

嶋田の変化の理由

では、そうした嶋田の意見は、なぜ変化

したのであろうか。これまでは、早期の開戦を主張する、海軍内で絶大な影響力を持っていた皇族海軍軍人である伏見宮博恭《ふしみのみやひろやす》の影響力が強いと言われてきたが（野村実「海軍の対米開戦決意」『史学』五六―四、一九八六年）、一〇月二七日に伏見宮と嶋田が会談した際、作戦時期の問題から早期の開戦を主張する伏見宮の意見に、嶋田は「時局ニ大義名分ノ切要」と反対しているので（前掲「嶋田繁太郎大将日記」一九四一年一〇月二七日条）、嶋田への伏見宮の影響を過大視することは適切ではない。嶋田は伏見宮と会談した一〇月二七日の時点でも、まだ戦争を回避するべきであると考えていたのであった。

また、嶋田は戦後に書かれた手記で、戦争を決意した理由として、英米蘭の軍備増強や世論の険悪化、重要軍需品の輸入途絶とその減耗《げんもう》、連合艦隊の猛訓練とそこから生じる自信、作戦地域の気象条件、といったことを挙げて、「開戦止ムナシトスレバ早キヲ可トス」と判断したとしている（「嶋田繁太郎・小林躋三両海軍大将回想」防衛省防衛研究所図書館）。だが、そうした判断での開戦は、前述のように就任当初の嶋田が自ら否定しているものであるし、戦争の決意をしなければならなくなったときに、それを支える要因とはなっても、決定的に嶋田を戦争に駆り立てる要因にはならないものである。

そこでみてみたいのが、嶋田が一〇月三〇日に海軍省首脳部へ、どのように意見の転換を説明していたのかということである。この日、嶋田は沢本や岡に対して、「自分ハ場末ノ位置ヨリ飛ヒ込ミ未タ中央ノコトモヨクワカラサルモ数日来ノ空気ヨリ綜合シテ考フルニ、コノ大勢ハ容易ニ挽回スヘクモ非ス」（「沢本頼雄海軍大将業務メモ（叢三）」防衛省防衛研究所図書館、一九四一年一〇月三〇日条）や「自分ハ今ノ大キナ波ハ到底曲ゲラレナイ」（前掲『戦史叢書　大本営海軍部大東亜戦争開戦経緯（二）』五三一頁）と述べている。嶋田は、自分一人の判断ではない、「大勢」や「大キナ波」といったもので、開戦を決意したと説明しているのである。

そうしたことは、嶋田自らも記している。嶋田は日記に「次官、軍務局長ニ連絡会議ニ於ケル決論ニ就キ話シ研究セシム」と記し（前掲「嶋田繁太郎大将日記」一九四一年一〇月三〇日条）、備忘録にも「十月二十三日ヨリ同三十日迄連日真剣ニ検討論議シ連絡会議ニテ決定ス」と記している（「嶋田繁太郎大将備忘録　第五　支那方面艦隊司令長官海軍大臣　自昭和十六年四月至十九年五月」防衛省防衛研究所図書館、三〇頁）。嶋田が戦争を回避するべきであるとする意見を覆し、戦争を決意したことには、連絡会議が影響していたのであった。

東条内閣の成立時、東条へ「九月六日の御前会議決定にとらはるゝ処なく、内外の情勢を更に広く深く検討し、慎重なる考究を加ふることを要す」という天皇の意向が伝えられた（前掲『木戸幸一日記』九一七頁）。「帝国国策遂行要領」で決められた期限にとらわれることなく、戦争の可否を全面的に再検討するようにという天皇の要求であった。いわゆる、「白紙還元の御定」である。そのため、東条内閣は組閣後、大本営政府連絡会議を連日開催し、そこで国策の再検討を行っていた。

連絡会議の意味

嶋田が戦争を決意し、それを海軍省首脳部に伝えた一〇月三〇日の段階では、外相の東郷茂徳と蔵相の賀屋興宣《かやおきのり》は決心がつかないということで、一日の猶予を求めていた。そのため、連絡会議が最終的な結論を出すのは翌日の三一日のことであるが、三〇日の段階で国策再検討のすべての事項が検討を終えており、嶋田はこの時点で大勢から開戦を不可避と判断したのであろう。三〇日の会議後、嶋田は渋る東郷を別室に誘い、「悲観を要せず」と説得に努め（東郷茂徳『時代の一面―東郷茂徳外交手記―〔普及版〕』原書房、二〇〇五年、二二六頁）、戦争決意への賛同を求めたのであった。

東条内閣の国策再検討は、しばしば形式的なものであり、その場で示されていたデータも、きわめて楽観的なものであったと言われている。実際、戦争の帰趨は南方の物資を確実に日本に輸送することが出来るのかということにかかっていたが、そのための船舶の損《そん》耗《もう》予想は相当に杜撰なものであった。

しかし、連日の連絡会議と、それによる国力の総合判断、そして、それによって形成される「戦争やむなし」という結論は、海軍単独の判断ではないと考えられた点で、海軍にとっての意味は非常に大きなものであった。

これまでみてきたように、海軍と近衛・陸軍との間での最大の争点は、誰が国力の問題を含めて大局的に開戦を決断するのかということであった。開戦から短期間の軍事行動のみが管掌範囲であると考える海軍は、そうした国力の総合判断を担えないとする一方で、近衛や陸軍は、対米戦が海軍の管掌する事項であるので、それに関することはすべて海軍が判断すべきであると主張していたのであった。著しい国力の差から、アメリカとの戦争が困難を極めるものであることはほぼ常識であったが、戦争に否定的なことを言って割り当ての物資や予算を減らされては、万一の際に職責を果たせなくなってしまうので、海軍は戦争に消極的なことを絶対に言うことはできない。

そうした議論の袋小路を解消したのが、東条内閣で開かれた国策再検討のための連絡会議であった。国策再検討のための全事項の討議が終了した時点で、その結論は海軍作戦のような局部的な観点からの判断ではない、政府と統帥部があらゆる点から検討した大局的な判断なのである。自己の意見が戦争回避の決定打となり、その責任を負わされることは避けたいと考える参加者それぞれが持ち寄ったデータは、楽観的であるばかりか、時にはメイキングされたものであっただろうが、だからこそ、それによって「戦争やむなし」という雰囲気が形成され、海軍単独で決定の責任を追うことが避けられたのである。

一〇月三〇日に嶋田が海軍省首脳部に述べたような「大勢」や「大キナ波」が形成され、多額の国費を投じて準備してきた対米戦の執行を海軍が他者から求められた際、それが困難であっても、その執行を断ることなどは、官僚組織としては困難である。海相就任から一〇日も経っていない嶋田に、そのようなことは不可能であっただろうし、そうしたことをする気も嶋田にはなかっただろう。

以後、海軍は必要な作戦資材を要求し、開戦意図の秘匿を主張することで、できるだけ有利な状態での開戦を模索するようになっていく。海軍は対米戦を議論する段階から、それを執行する段階に入ったのである。動き出した業務を止めることは、官僚組織にとってきわめて難しい。日本は破滅への道を、後戻りできなくなっていくのであった。

　ここまで開戦の政治過程を、海軍の意識からみてきたが、顕著であったのはその官僚的な思考である。だが、それと同時に考えておかなければならないことが、愚かしい決定にも、当事者には「合理的」もしくは「やむをえない」と映る理由が存在していることであり、官僚的な合理性が備わっているために、そうした彼らの判断の不合理さを彼ら自身が認識できないことである。彼らは自己の職務を、国家の盛衰と関わらせることで、きわめて重要なものと位置付けていた。そのため、彼らに、自己の職務の遂行や防衛は組織利益の確保といった矮小なものとは考えられないのであった。必要であったのは、より大きな視座、より高位の価値観であった。

作戦

海軍の戦略・戦術構造

序盤の勝利と蹉跌

海軍の戦略思想

これまで、現代からみればきわめて愚かとも言える行動を、官僚制の論理という前提から思考を出発させた海軍将校たちは、時にはそれを「合理的に」、時にはそれを「仕方なく」決定していたことを、特に政治的な動向について見出してきた。

ここでは、少々観察する対象を変え、作戦方針の決定や実際の戦場において、誤った前提から出発した思考が、どのように悲惨な戦場を「自然に」生み出すのかをみていきたい。

日清・日露戦争での諸海戦での勝利は、日本海軍に「艦隊決戦主義」という用兵思想を定着させた。つまり、洋上での艦隊決戦に勝利して、制海権を掌握することこそが、戦争全体の帰趨《きすう》を決するというのである。このように、戦争の帰趨が自らの収めるであろう艦隊決戦での勝利によって左右されると考える海軍将校たちは、艦隊決戦を行い、それに勝利することが、戦争中の基本的にして最大の目標となる。そのように敵艦隊の補足と撃滅が至上命題化すると、実際のアジア・太平洋戦争で数多く繰り広げられた島嶼《とうしょ》の争奪戦のようなものは、そもそも付随的な作戦と考えられるようになり、その想定・研究の優先順位は低くなるのであった。

　また、その艦隊決戦で主力となる兵力は、巨大な砲門を備えた戦艦であった。こうした考え方は、「大艦巨砲主義」と呼ばれている。海軍の強さは、保有する戦艦の性能と数によって決まり、その性能は搭載している砲門の大きさによって計られると考えられていたのであった。日露戦後、世界の海軍は競って大きな戦艦を次々に求め、多数の弩級戦艦《どきゅうせんかん》や超弩級戦艦を建造していった。

　たとえば、一九〇四～一九〇五年にかけての日露戦争における連合艦隊の旗艦であった三笠《みかさ》の排水量は約一万五〇〇〇トンであったのに、一九二〇～三〇年代にかけて旗艦であった陸奥《むつ》の排水量は約三万二〇〇〇トン、そして、アジア・太平洋戦争中の旗艦であった大和《やまと》は基準排水量で約六万四〇〇〇トン、装備や人員を満載すると、七万二〇〇〇トン以上にもな

図12　大　　和

った。

むろん、一九二〇年代から航空兵力や潜水艦の重要性は認識されていたが、あくまでもそれらは、主力艦である戦艦が艦隊決戦で勝利するための、補助兵力に過ぎないと考えられていた。海軍はアメリカを仮想敵国として、アメリカ海軍の撃滅方法を長年研究していた。戦略の基本は、西進してくる数の上で勝るアメリカ海軍の勢力を、最終的にアメリカ海軍の主力が日本近海に到達した際には、日本の連合艦隊主力と同等の数になるまで航空兵力や潜水艦で少しずつ減らしていき、そこで艦隊決戦によって勝利を収める「漸減《ぜんげん》作戦」というものであった。だが、実際のアメリカとの戦争では、艦隊同士での戦闘はほとんど起こらず、戦闘の主役は補助兵力として位置づけられていた潜水艦と空母を中心とした航空兵力であった。

右のように、海軍将校は「艦隊決戦主義」と「大艦巨砲主義」を信奉し、「漸減作戦」でアメリカに勝利しようと考えていた。それと同時に、前章でもみたように、彼らはアメリカと日本との国力の大きな差も十分に認識していたので、艦隊決戦を早期に行い、短期間でアメリカに勝利を収めなければならないと考えるのであった。

そして、敵艦隊を補足し、極端な場合は一回、多くとも数回の艦隊決戦に勝利すれば、海軍にとっての戦争は終わるのであるから、海軍将校は「速戦即決主義」という考え方も有していたことになる。こうした「速戦即決主義」は、当然のことながら、当時の日本で構想されていた、南方地域の石油を確保して、何年でも戦い抜くという、「長期持久戦主義」の考え方と相容れないものであった。そして、実際の戦争は、きわめて長期間の持久戦を必要とすることになる。

もちろん、すべての海軍将校が「速戦即決主義」だけを信奉していたわけではなく、積極的進出によってアメリカ海軍の主力を誘い出して艦隊決戦を実施するよりも、「長期持久戦主義」の考えに基づき、占領地域の防備や航空機のパイロットの補充を優先させることを主張していた者も、一部にはいたようである（草鹿龍之介『聯合艦隊　草鹿元参謀長の回想』毎日新聞社、一九五二年、七一～七二頁）。だが、実施する作戦の決定に、大きな影響

表2　日中戦争以後の連合艦隊首脳

司令長官	参謀長
永野修身(1937.2-1937.12)	小沢治三郎(1937.2-1937.11)
吉田善吾(1937.12-1939.8)	高橋伊望(1937.11-1939.11)
山本五十六(1939.8-1943.4)	福留繁(1939.11-1941.4)
古賀峯一(1943.4-1944.3)	伊藤整一(1941.4-1941.8)
豊田副武(1944.5-1945.5)	宇垣纏(1941.8-1943.5)
小沢治三郎(1945.5-1945.10)	福留繁(1943.5-1944.4)
	草鹿龍之介(1944.4-1945.6)
	矢野志加三(1945.6-1945.9)

前掲秦編『日本陸海軍総合事典〔第2版〕』より作成.

力を持っていた山本五十六率いる連合艦隊司令部は、「速戦即決主義」をとり、アメリカ艦隊との決戦を求めて、戦線を急速に拡大していくことになるのであった。そのことが、後に日本を窮地に追い詰めることになる。

さて、「艦隊決戦主義」と「速戦即決主義」を信奉する海軍将校が抱いていた意識を、自身も海軍将校であり、戦後に西洋政治史を専攻しながら、日本海軍の研究も行った池田清氏は、「武人的ロマンティシズム」と呼んでいる。海軍では敵の主力部隊との正面からの決戦を花形とし、輸送船や基地設備への攻撃は二の次ないしは邪道であるとされていた（前掲池田『海軍と日本』三五〜四四頁）。艦隊決戦を行いさえすれば、早期に戦争は終結すると考える海軍将校たちは、あえて危険を冒してまで輸送船や基地設備への攻撃を行わず、その「何事にも潔く淡泊であることをモットーにした日本海軍の不徹底性」が（前掲池田『海軍と日本』四四頁）、自らの首を、そして日本の命運をも決することになるのであった。

以上のような、「艦隊決戦主義」・「大艦巨砲主義」・「速戦即決主義」・「武人的ロマンティシズム」は、戦争中の海軍将校を支配した、「前提」であり、この「前提」に依拠して、「合理的に」ないしは「仕方なく」、甚大な犠牲をもたらす作戦が、次からみるように決定されていくのであった。

真珠湾奇襲攻撃と「武人的ロマンティシズム」

一九四一年一二月八日、日本の機動部隊はハワイ真珠湾に停泊していたアメリカ太平洋艦隊の主力に奇襲攻撃を行い、戦艦四隻撃沈、同四隻大中破という戦果を挙げた。当時のアメリカが保有する戦艦は一五隻であったので、これにより、戦艦一〇隻を保有する日本の戦力は、戦艦数だけの点から見れば、アメリカとほぼ対等となったことになる（防衛庁防衛研修所戦史室編『戦史叢書　大本営海軍部・連合艦隊〈一〉』朝雲新聞社、一九七五年、八八頁）。

連合艦隊司令長官の山本五十六は、早くも一九四一年一月七日には、海相であった及川古志郎に宛てた書翰において、「作戦方針ニ関スル従来ノ研究ハ、是亦正常堂々タル邀撃大主作戦ヲ対象トスルモノナリ。而シテ屢次《るじ》図演等ノ示ス結果ヲ観ルニ、帝国海軍ハ未ダ一回ノ大勝ヲ得タルコトナク、此儘推移スレバ恐クヂリ貧ニ陥ルニアラズヤト懸念セラル情勢」であるので、「海戦劈頭《へきとう》ニ於テ採ルベキ作戦計画」として、「敵主力ノ大部真珠港

朝日新聞

戰史に燦たり・米太平洋艦隊の撃滅

昭和十六年十二月八日ハワイ眞珠灣奇襲の海鷲撮影　海軍省提供

図13　真珠湾奇襲攻撃（『朝日新聞』20031号）

ニ在泊セル場合ニハ、飛行機隊ヲ以テ之ヲ徹底的ニ撃破シ、且同港ヲ閉塞ス」（防衛庁防衛研修所戦史室編『戦史叢書　大本営陸軍部大東亜戦争開戦経緯（五）』朝雲新聞社、一九七四年、三三〇～三三一頁）と、航空機による真珠湾奇襲攻撃の構想を述べており、研究と熟慮を重ねた上での決定であったことがわかる。

この作戦は、当時では、常識破りと言える類のものであった。前述したように、日本海軍において、航空兵力はもともと主力である戦艦が艦隊決戦を行うための、あくまでも補助的な兵力に過ぎないものであった。加えて、航空機用の燃料や弾薬を大量に積んでいる空母は、敵からの攻撃にきわめて脆《もろ》く、最前線に出ていくことなど到底不可能と考えられていた。それにもかかわらず、真珠湾奇襲攻撃は、空母部隊が最前線に出ていき、航空機によって、敵戦艦群を撃破したのであった。

山本は海軍の中では比較的早い時期から航空兵力の重要性に注目していた人物であり、この真珠湾奇襲攻撃作戦の実現も、山本のイニシアティブによるところが大きい。だが、日中戦争の経験から、大量の空母を集中的に運用するという戦術が生まれ、徐々に海軍の一部に浸透していたとはいえ（David Evans and Mark R. Peattie “KAIGUN : Strategy, Tactics, and Technology in the IMPERIAL JAPANESE NAVY, 1887–1941”, Annapolis, 1997, pp 347）、この作戦にはあまりにもリスクが多いと考えられていた。日本海軍の艦船は、そのほとんどが日本近海での活動しか想定されていないため、燃料搭載量を

図14　山本五十六

極限まで削って、武装を強化していた。そのため、ハワイまで往復するためには、全艦船が洋上での燃料補給を受けなければならない。そのような面倒な作業を行わなければならない大艦隊は、途中で発見される可能性も高く、発見されれば、敵の反撃に日本の空母は恐ろしく脆い。

それにもかかわらず、これほどまで大胆に、大きな危険を冒して実行されたこの作戦は、事前の通達が無かったことだけではなく、戦術的にもまさしく奇襲と呼べるものであった。では、そうした当時としては常識破りの作戦を立案・実行した山本五十六率いる連合艦隊司令部や、その作戦を最終的に許可した軍令部は、前述した当時の海軍のドグマから、果たして完全に自由になっていたのであろうか。

この真珠湾奇襲攻撃によって、日本はアメリカに多大な損害を与えたものの、機動部隊が攻撃したのはあくまでも戦艦群が中心であり、基地内にある燃料タンクや工廠《こうしょう》といった設備は、ほとんど無傷のまま残されていた。そのため、この攻撃によって沈没したり破壊された艦船の多くは、海底の浅い真珠湾から引き上げられ、戦争中にはその大修理能力を誇る工廠で修理のうえ、戦線に投入されている。燃料タンクや工廠を破壊していれば、アメリカ軍の反攻時期はかなり遅れたはずであった。

当時攻撃を担当した第一機動艦隊の参謀長であった草鹿龍之介《くさかりゅうのすけ》が、そうした基地設備の破壊といった行為を連合艦隊司令部より求められたことについて、「相手の横綱を破った関取に、帰りにちょっと大根を買って来いというようなものだ」と述べている（前掲草鹿『聯合艦隊』四二頁）。そこには、明らかに前述した「武人的ロマンティシズム」が色濃く表れているが、「武人的ロマンティシズム」にとらわれていたのは、なにも彼らばかりだけではない。

そもそも、基地設備の破壊は、作戦計画上ほぼ不可能であった。艦船を破壊するためには魚雷を、基地設備を破壊するためには地上攻撃用の爆弾を戦闘機に装備しなければならないが、防御力の弱い空母を、その装備転換の間、敵の眼前に晒すことは、相当の危険を伴う行為である。

むしろ、基地設備を破壊しなかった理由は、前線の機動部隊のミスばかりでなく、作戦の立案段階において、その重要性を十分検討せずに、艦船への攻撃のみを行う作戦を当然のように立案した連合艦隊司令部と、その作戦を許可した軍令部、つまりは海軍全体が「武人的ロマンティシズム」にとらわれていたことに帰せられるのであった（吉田裕・森茂樹『戦争の日本史二三　アジア・太平洋戦争』吉川弘文館、二〇〇七年、一二九～一三〇頁）。

さて、日本はアメリカの飛行機約二三〇機を破壊したとはいっても、演習中で沖合にいた肝心のアメリカ空母群への攻撃はできなかった。そのため、連合艦隊はそれらとの決戦を求めて、ミッドウェーに進出することになるが、そのことを述べる前に、開戦劈頭のもう一つの重要な海戦であった、マレー沖海戦を紹介したい。

マレー沖海戦と航空主兵主義

一九四一年一二月一〇日、イギリス東洋艦隊の旗艦プリンス・オブ・ウェールズと高速戦艦レパレスが、マレー沖で日本海軍第二二航空戦隊を中心とした航空部隊の攻撃により、撃沈された。これらイギリス海軍が世界に誇った最新鋭艦が、航空機によりいとも簡単に撃沈されたことは、世界中に大きな衝撃を与えることになる。

当時のイギリスは、ドイツとの間で死闘を展開しつつも、この二隻を極東に配備することで、日本への抑止力になると判断していた。そのため、二隻の沈没はイギリスの首相チャーチルに「すべての戦争を通じて、私はこれ以上直接的な衝撃を受けたことはなかった」と回想させるほどの衝撃を与えたのであった（W・S・チャーチル著、佐藤亮一訳『第二次世界大戦』三、河出書房新社、二〇〇一年、六二頁）。

しかし、当の日本海軍にとっても、航空攻撃だけでイギリスの最新鋭の戦艦を撃沈でき

ると は考えていなかったようである（前掲『戦史叢書　大本営海軍部・連合艦隊(二)』八八頁）。当時の世界中の海軍関係者の間では「大艦巨砲主義」が支配的であり、航空兵力は相対的に軽視されていたのであった。

真珠湾奇襲攻撃により、日本はアメリカの戦艦群に多大な損害を与えたものの、それは停泊中の艦船を狙ったものであった。それに対して、マレー沖海戦におけるプリンス・オブ・ウェールズとレパレスは戦闘航海中であり、加えて、その対空防御能力の優秀さが知れ渡っていた。それだけに、この戦闘によって、当時連合艦隊参謀長であった宇垣纏《うがきまとめ》が日記に、「昨夜来の経過は確に航空機の威力を確認せざるを得ず。嘗《かつ》ては『ビスマーク』を葬るに参加せる新鋭の本戦艦も案外に防御力薄弱にして、独の復讐江戸の讐《かたき》を長崎にて打ちたる格好となれり。戦艦無用論、航空万能論之に依りて一層熾烈を加ふべし。同時東西に於て我海軍航空威力を全世界に明示せるものにして其の戦果たるや蓋《けだ》し甚大なるものありと云ふべし」と記したように（宇垣纏『戦藻録　大東亜戦争秘記』原書房、一九六八年、四三頁）、航空戦力は高く評価されるようになった。

しかし、それでも戦艦を主力とする考え方が海軍内部で根本的に覆えることはなかった（前掲『戦史叢書　大本営海軍部・連合艦隊(二)』八八頁、前掲池田『海軍と日本』六六頁）。史

図15　アジア・太平洋戦争海軍関係戦況図（CraftMAPから著者作成）

……日本軍の1943年1月時点での日本軍のおおよその侵攻範囲

上最大の戦艦である大和が完成したのはマレー沖海戦から六日後の一二月一六日であり、その後大和は連合艦隊の旗艦として、しばらくは戦力の中心として扱われ続けるのであった。その一方で、アメリカは真珠湾奇襲攻撃やマレー沖海戦の戦訓を受け止め、空母の建造促進を決定した。結果として、アメリカの強大な国力で生産される空母と航空機に、日本は太刀打ちができなくなっていくことになる。

海軍の攻勢姿勢とミッドウェー海戦

それまで順調に勝利を収めてきた日本が、初めての大敗北を喫したのが、一九四二年六月五日から七日にかけてのミッドウェー海戦であった。この戦闘により、日本はそれまで活躍してきた主力空母四隻を一挙に失った。

この大敗北の要因を戦闘中のいくつかの判断ミスから説明することもできるが、もとをたどれば、アメリカの反攻能力への過小評価と、太平洋上でのあまりに積極的な攻勢姿勢に帰せられる（池田清「日本の対英戦略と太平洋戦争」、細谷千博編『日英関係史　一九一七〜一九四九』東京大学出版会、一九八二年）。

連合艦隊司令部は、予定していたセイロン島の攻略作戦が急遽中止になったために、兵力の使い道を新たに考察し、結果、ハワイで撃破できずに、それまで悩みの種であったア

図16　ミッドウェー海戦

メリカの空母部隊の撃滅を企図し、ミッドウェー攻略作戦を立案することになった（前掲『戦史叢書　大本営海軍部・連合艦隊（二）』三三九〜三四〇頁）。ミッドウェー諸島はハワイから北西に約二〇〇〇キロの場所にあり、当時の連合艦隊の停泊地であったトラックからは約三七〇〇キロも離れた、占領したところで不便なばかりの場所であったが、連合艦隊司令部はミッドウェーを攻略することによって、アメリカの空母部隊を誘い出し、一挙に決戦によって撃滅できると考え、渋る軍令部を押し切ったのであった（吉田昭彦「戦争指導から見たミッドウェー作戦」、近藤新治編『近代日本戦争史　第四編　大東亜戦争』同台経済懇話会、一九九五年、四一一〜四一四頁）。

戦闘機のベテラン搭乗員たちといった歴戦の猛者が徐々にではあるが確実に失われている情況に危機感を持った第一航空艦隊参謀長の草鹿龍之介は、攻勢作戦が一段落した時点で、彼らを教官に配属し、搭乗員の大量養成を図り、長期の戦争に備えることを主張していたようである（前掲草鹿『聯合艦隊』七一〜七二頁）。だが、「速戦即決主義」をとる連合艦隊司令部は、短期間での戦争終結を目指し、損耗兵員の補充よりも、艦隊決戦の実施を第一に考えて、作戦を決定したのであった。

さて、直前のポートモレスビー攻略戦によって航空兵力が減少していたにもかかわらず、その航空兵力を使用して実施される、すでに立案されていたミッドウェー攻略作戦には修正が加えられなかった（前掲吉田「戦争指導から見たミッドウェー海戦」四一七〜四一八頁）。

加えて、直前の図上演習において、作戦中にアメリカの空母部隊が出現し、大損害が出る可能性が浮上するも、参会者のほとんど全員がアメリカ艦隊の出現はミッドウェー攻略後と判断していたので、大きな問題とされなかった（前掲『戦史叢書　大本営海軍部・連合艦隊〈二〉』四一九〜四二〇頁）。アメリカの反攻能力を過小評価し、ミッドウェーを攻略してからしかアメリカ軍は出てこられないという根拠の薄い推論が、海軍を支配していたのであった。当時、連合軍はヨーロッパにおいてドイツ・イタリアを打倒するか、それに見通しをつけるまでは、太平洋上での積極的な反攻を開始しないと考えられていた。

このあたりの事情を、ミッドウェー攻略後に、連合艦隊参謀長の宇垣纏が、大きな後悔とともに日記に記している。すなわち、「戦訓分科研究に於て、艦隊戦闘の項目中敵に先制空襲を受けたる場合或は陸上攻撃の際敵海上部隊より側面を敲《たた》かれたる場合如何にするやの質問に対し、参謀長は斯る事無き様に処置すると極めてあっさりしたる解答あり。追究したる質問に対し源田参謀は（中略）敵に先ぜられたる場合は現に上空にある戦闘機の外全く策無しと悲観的自白を為せり。之にて相当注意を喚起しおきたる外今回の作戦に対する図演研究会に於てミッドウエーに於て一回、布哇《ハワイ》攻略に於て二回赤青両軍に生起したる事例を引用して更に其注意を深めたり」（前掲『戦藻録』一二八頁）。

ただし、ミッドウェー攻略の最中にアメリカ空母部隊が出現するという前提で作戦計画を全面的に再検討したわけではなく、宇垣の後悔は後の祭りであった。当時の連合艦隊司令部の全員は、「速戦即決主義」にのっとり、早期に艦隊決戦を実現するため、きわめて積極的な姿勢を貫いており、その積極姿勢が知らず知らずの内にアメリカの反攻能力を過小評価することにつながり、結果として、日本は大損害を蒙ることになるのであった。

ミッドウェーを攻略することだけを考えていた当時の機動部隊は、艦載機に陸上攻撃用の爆弾を装備させていたが、そこに来るとは思わなかったアメリカの空母部隊が出現し、艦船攻撃用の魚雷に装備の変更が必要になった。その最中に、アメリカ軍の攻撃を受けることになってしまった。装備変更に伴い、艦内のいたるところに爆弾や魚雷が転がっている状況で攻撃を受け、日本の空母は脆くも次々に沈められていくのであった。いわば、ミッドウェー海戦は、連合艦隊司令部を含めた海軍の、「速戦即決主義」に基づく歪んだ積極姿勢による、アメリカへの侮りが生み出した敗戦であったと言える。

ガダルカナル島攻防戦と船舶の消耗

ミッドウェーでの大敗にもかかわらず、アメリカも艦艇を次々に失っていたので、実のところ、日本の戦力はアメリカのそれに対して、ミッドウェー海戦の直後は、著しく劣勢であったというわけではなかった。日本の敗勢が明らかとなっていき、戦局の転機となったのは、ミッドウェー海戦ではなく、船舶の消耗戦となった、ガダルカナル島攻防戦であった（前掲吉田裕・森茂樹『アジア・太平洋戦争』一五六〜一六〇頁）。

ガダルカナル島は日本軍の前線拠点の一つであったラバウルから約一〇〇〇キロ《キロ》も離れたところにあり、ただでさえ補給や輸送が困難な場所であった。海軍は飛行場に適しているという理由でこのガダルカナル島を占領したが、アメリカの反攻時期について楽観的な予想をしていたために、十分な防備を固めておらず、そのために、一九四二年の八月八日には、アメリカにその飛行場を占領されてしまう。

そうなると、アメリカはそこを拠点として北上してくることになり、ラバウルや連合艦隊司令部のいたトラックが攻撃されることにもなる。ただ、うまくガダルカナル島を奪回できれば、アメリカの艦隊を誘い出して、これと決戦を行うことも可能と考えられた。以上の理由により、日本は安易な奪回作戦を繰り返し、結果として、甚大な犠牲を出したのであった。

その過程で、兵員だけでなく、日本の船舶も急速に消耗し始めることになる。ガダルカナル島奪回のための輸送船団を派遣しては沈められるということを繰り返し、輸送用の船舶の護衛に不可欠な駆逐艦が、急速に不足することになるのであった。

「艦隊決戦主義」をとる海軍も、海上護衛の必要性を一定程度認識してはいた（坂口太助『太平洋戦争期の海上交通保護問題の研究—日本海軍の対応を中心に—』芙蓉書房出版、二〇一一年）。だが、やはり相対的には海上護衛戦を軽視していたと言えよう（大井篤『海上護衛戦』日本出版協同、一九五三年）。また、船舶の建造や消耗に関する予測も、各省庁が独自に持っているデータを総合して検討することができないため、相当に甘いものであった（前掲坂口『太平洋戦争期の海上交通保護問題』）。これらのことが日本の船舶の不足をもたらし、それによって南方からの物資が途絶して、ただでさえ日本が対抗できないほど強大なアメリカの工業生産力に屈することになるのであった。

以後、日本は補給がままならず、急激に戦力を消耗し、本格的な反攻を開始したアメリカ軍の前に、敗北を重ねていくことになる。

山本五十六の戦死

ガダルカナル島を失った日本は、東部ニューギニア方面の防御を固める必要があった。だが、ガダルカナル島近辺の制海・制空権を失った状態では、それも困難を極めた。たとえば、一九四三年三月三日には、ラバウルから東部ニューギニアのラエに第五一師団を輸送する船団がアメリカ軍機の攻撃を受け、ダンピール海峡で全滅するという、「ダンピールの悲劇」が起きている。

そうした中で、司令長官の山本五十六を始めとした連合艦隊司令部はトラックからラバウルに進出し、第三艦隊を主力とした空母部隊と、第一一航空艦隊を主力とした基地航空隊の兵力をラバウルに集中させ、航空撃滅戦を展開した。この時期には、ベテランパイロットの相次ぐ戦死により、搭乗員の練度は開戦時と比べると急激に低下しており、「い」

号作戦と呼ばれたこの作戦においても大きな戦果は挙げられなかった。

作戦終了後、ガダルカナル島から撤退した将兵を含む前線部隊を慰労するため、連合艦隊司令部はブーゲンビル島のブインに飛行機二機に分乗して移動した。だが、事前に日本の暗号電報を解読していたアメリカ軍は、連合艦隊司令部の行動予定を把握しており、ガダルカナル島から出撃した陸軍戦闘機によって、二機とも撃墜された。結果として、山本五十六を始めとする、連合艦隊司令部のほとんどが戦死したのであった。

生還した三名の内の一人である参謀長の宇垣纏は、事件からちょうど一年後の日記に「南方に帰還しつつありし敵機群が我を認めて反転来襲し来る。茲《ここ》に数分の差が彼我の行動間に存在したりとせば、本事件の如きは夢想だにせず、順調に経過したりしならん」と記しており（『戦藻録』二九六頁）、この時点でも、事件が偶発的なものと認識していた。アメリカ軍は暗号の解読を日本に悟られないように、偶然の遭遇であると発表していたからであった。情報戦でも完敗を喫していた日本は、解読された暗号を利用され、ますます不利な戦いをこの後も強いられることになる。

山本五十六は確かに航空兵力の威力に、早い時期から高い評価を与えており、その点では慧眼《けいがん》であった。だが、これまでみてきたように、「大艦巨砲主義」に懐疑的であったとはいっても、山本を始めとした連合艦隊の司令部が他の海軍将校を支配していた「艦隊決戦主義」や「速戦即決主義」、「武人的ロマンティシズム」にとらわれていたことも、また事実である。

それには、山本の日米の国力差認識も多分に影響しており、アメリカ相手に長期戦を戦えないという判断が理由としてあった。だが、早期の艦隊決戦を模索し、そのことによって、甚大な損害を被ってしまったのであった。与えられた任務の範囲内で行動しなければならなかった山本らも、相当に苦悩したであろうと思われる。非合理な前提にたって「合理的」に思考したとしても、そこに待っているのは破滅だけなのであった。

敗勢の中で

台湾沖航空戦にみる士気低下への恐れ

アメリカの本格的反攻を前に、日本は一九四四年六月にはサイパン島をも失うことになる。これにより、日本本土がアメリカの爆撃圏内に入ることとなり、日本の敗勢は明らかであった。アメリカはその後も攻撃の手をゆるめず、植民地であったフィリピンの奪還を目指し、その上陸作戦のための制海権・制空権を確保するべく、台湾に空襲をかけた。そのアメリカの攻撃を受け、台湾の基地航空隊が反撃をすることで一九四四年一〇月一二日～一四日に展開されたのが、台湾沖航空戦である。

この航空戦では、日本側が三〇〇機以上の戦闘機を失ったのに対し、アメリカ側の損害

朝日新聞

敵艦隊、船團を伴ひ
比島レイテ灣侵入
我軍陸海協同邀撃中

上陸の企圖示す

赫々・「台灣沖航空戰」

空母十九、戰艦四等
擊沈破四十五隻
敵兵力の過半を壞滅

五日に亙る猛擊
輝く陸海一體の偉業

戰果一覧

図17　台湾沖航空戦（『朝日新聞』昭和19年10月20日）

は一〇〇機にも満たないという、日本側の惨敗であった。それにもかかわらず、その戦果判定には大きな誤認があり、最も多いときではアメリカの空母一〇隻以上に加え、戦艦・巡洋艦合わせて数隻を撃沈したと、大本営は発表していた。

大本営が現地の報告を水増しして、過大な戦果を挙げたかのように発表したわけではない。むしろ、それは前線からの報告を無批判に受容し、そのまま発表した結果の、「幻の大戦果」であった（辻泰明・NHK取材班『幻の大戦果　大本営発表の真相』日本放送出版協会、二〇〇二年）。未熟な搭乗員が、戦果認識の困難な夜間の攻撃の最中に、敵艦付近で起きた味方機の爆発等を、ほとんど敵艦に損傷が無いにもかかわらず過大に評価し、それをそのまま報告し、否定されることなく発表されていったのであった。

では、なぜ、現地指揮官や連合艦隊、大本営はその過大な戦果報告に修正を加えなかったのであろうか。

無論、未熟な搭乗員の報告を、全員が無批判に信じていたわけでは決してない。たとえば、連合艦隊司令長官の豊田副武《とよだそえむ》は、「航空作戦の戦果については現地部隊からの報告をそのまま鵜呑みに盲信はしない。その当時においても事後においても、いろ〳〵な情報、状況を参照して、成るべく間違いのないところというので判断しておつた。そのためには、大本営発表よりもうんと割引して考えなくてはならんということは承知しておつた」（豊田副武『最後の帝国海軍』世界の日本社、一九五〇年、一五三〜一五四頁）と回想している。

また、その豊田の下で連合艦隊の参謀長を務めていた草鹿龍之介も、「もっとも、世間に対する戦果発表は、飛行機搭乗員が実際に見、かつそう信じているのを、見もしない聯合艦隊司令部が割引するという手はないのであるから、報告どおり大本営に回すのであるが、作戦を指導するものとしては、それをそのまま信ずるわけにはいかないので非常に割引して」考えていた（前掲草鹿『聯合艦隊』二一三頁）。

しかし、同時に、当時は搭乗員の士気に及ぼす影響を重視し、各指揮官は搭乗員の報告に大きな修正を加えることを避け、ほとんどそのまま報告し、それが逐次上級司令部に報告されて、同じことを繰り返すという風潮があった（防衛庁防衛研修所戦史室編『戦史叢書　海軍捷号作戦(一)　台湾沖航空戦まで』朝雲新聞社、一九七〇年、七二四頁）。もし、上級司令部が上がってきた報告に疑問を呈すると、現地軍の反発を招いたのである。たとえば、台湾沖航空戦の前に行われたブーゲンビル航空戦において、実際の戦果は連合艦隊の報告の約一〇分の一であったにもかかわらず、大本営が戦果発表にあたって、不確実と認められる戦果を削除し、連合艦隊司令部に対して注意を喚起した際、同司令部は「大本営はいかなる根拠をもって聯合艦隊の報告戦果を削除したのか」という抗議電報を出したのであった（前掲『戦史叢書　海軍捷号作戦(一)　台湾沖航空戦まで』七二六頁）。

そこには、前節までみてきた「大艦巨砲主義」や「速戦即決主義」、「武人的ロマンティシズム」という、海軍将校の思考の前提に、新たなそれが加えられていることがみてとれる。すなわち、それは「士気の喪失への恐れ」である。絶望的な戦局の中で、少しでも前線の士気を保とうと考えるあまりに、日本軍は情報の信頼性を低下させ、その不確実な情報に依拠した結果、さらなる犠牲を生むのであった。

さきほど、連合艦隊司令部においても、戦果は相当に割り引かれて考えられていたことを紹介したが、それは各人の胸算用にとどまるものであり、各人がまちまちの戦果判断に立脚して、次の作戦の議論を行えば、作戦のほころびはさらに大きくなる。そればかりでなく、その割り引いた戦果ですらも、なお過大であった。

また、海軍の過大な戦果発表を信頼した陸軍は、一〇月一八日に、フィリピン戦の地上決戦をルソン島に限定していた基本方針を急遽変更し、レイテ島において地上決戦を行うことを決定したのであった（前掲『戦史叢書　海軍捷号作戦〈一〉台湾沖航空戦まで』七二九頁）。台湾沖航空戦における過大な戦果判断が、悲惨な結果に終わったレイテ島地上決戦をもたらしたのであった。

レイテ沖海戦と「武人的ロマンティシズム」

台湾沖港空戦で十分に日本の基地航空兵力に打撃を与えたアメリカ軍は、一九四四年一〇月二〇日にフィリピンのレイテ島に上陸を開始した。その報を受けて発動された作戦が「捷《しょう》一号作戦」であり、これによって、両軍合わせて艦船約一〇〇〇隻（輸送船を含める）と航空機約二〇〇〇機が投入された、史上最大の海戦とも言えるレイテ沖海戦が行われた。

日本にとって、この作戦の眼目は、陸海軍の航空部隊による反撃とともに、残存する連合艦隊の主力をレイテ湾へ突入させ、そこで揚陸《ようりく》作業を行っているアメリカの輸送船団を攻撃することで、アメリカのフィリピン攻撃を水際で防ぎ、日本の南方補給線を防衛することにあった。レイテ湾への突入は、攻撃目標が輸送部隊でありながら、その後の戦争の帰趨を左右する重要性を帯びていたのである。

そのレイテ湾への突入を任務としていたのは、第二艦隊を主力とした、栗田健男《くりたたけお》を司令長官とする、第一遊撃部隊であった。だが、この栗田艦隊は、レイテ湾を目前にし、謎の反転を行うことになる。

なぜ栗田は任務達成を目前にしながら、反転したのであろうか。栗田が反転を下令した一〇分後（一二時三六分）に打った電報には、次のように記されている。すなわち、「第一遊撃部隊ハ『レイテ』泊地突入ヲ止メ『サマール』東岸ヲ北上シ　敵機動部隊ヲ求メ決戦爾後《じご》『サンベルナルジノ』水道ヲ突破セントス」（防衛庁防衛研修所戦史室編『戦史叢書海軍捷号作戦(二)フィリピン沖海戦』朝雲新聞社、一九七二年、三六五頁、傍線引用者）。つまり、栗田はレイテ湾突入による敵輸送船団への攻撃よりも、敵機動部隊との艦隊決戦を優先したのであった。

そもそも、栗田艦隊の司令部は、自分たちの最後の決戦における任務が輸送船団群の攻撃であることに強い不満を抱いており、連合艦隊司令部との事前の打ち合わせでも、敵主力部隊が出現した際には、そちらとの決戦を行いたいと主張していた。その際、連合艦隊司令部も、栗田艦隊の司令部に作戦の意義を十分に理解させていなかったため、栗田艦隊はアメリカの機動部隊出現の報に接し、レイテ湾を目前にして反転したのであった（前掲池田『海軍と日本』三五～三六頁）。

実際には、アメリカ軍の空襲により、敵機動部隊との接触は絶望的であったし、会敵したとしても、絶え間ない空襲で、艦隊陣形を対空陣形から水上戦闘に適したものに変えることも、栗田艦隊にはできなかったと予想される（前掲『戦史叢書　海軍捷号作戦〈二〉フィリピン沖海戦』三六五頁）。また、レイテ湾に突入して、アメリカの輸送船団に打撃を与えたとしても、水上兵力のほとんどを失っていた日本がそれ以上フィリピンを防衛することはできず、効果は一時的なものにとどまったであろう。栗田艦隊がどちらを攻撃しても、戦局が大きく転換したわけではない。

しかし、栗田艦隊が「艦隊決戦主義」と「武人的ロマンティシズム」により、レイテ湾突入を放棄したことで、レイテ島へのアメリカ軍の上陸を許し、陸軍がその膨大なアメリカ軍によって次々と追いやられていくことになったのは確かであった。栗田艦隊にしてみれば、海軍の目標はあくまでも艦隊決戦による敵主力部隊の撃滅であり、輸送船団よりも敵艦隊との華々しい決戦こそが、魅力ある任務であった。そのように考えると、レイテ沖海戦の敗北とレイテ島の失陥は、栗田一人の過誤というよりも、海軍を支配してきたドグマがもたらしたものであったと言えるかもしれない。

海軍の特攻作戦

このレイテ沖海戦において、初めて戦線に投入されたのが、神風特別攻撃隊であった。この人命と引き換えに戦果を得ようとする攻撃方法は、おそらくこれまで最も問題にされてきた海軍のトピックの一つであろう。

この神風特別攻撃隊の編制に深く関わったのは、第一航空艦隊司令長官の大西瀧治郎《おおにしたきじろう》であったとされるが、軍令部や現地指揮官を中心に、人命と引き換えに戦果を得ようという思考は、多くの海軍将校が共有していたものであった。

海軍将校の戦後の回想では、この特攻作戦は隊員が自発的に申し出たか、もしくは戦闘中の咄嗟の判断でそれを実行したかのように記述し、自らの関与を否定しつつ、上層部の責任を曖昧にしているものが多い。たとえば、連合艦隊司令長官の豊田副武の戦後の回想では、「大西の話に、とても今までのやり方ではいかん、戦争初期のような錬度の者ならよいが、中には単独飛行がやっとこせという搭乗員が沢山ある、こういう者が雷撃爆撃を

図18　特攻（毎日新聞社提供）

やっても、ただ被害が多いだけでとても成果は挙げられない。どうしても体当たりで行くより外に方法はないと思う、しかしこれは上級の者から強制命令でやれということはどうしても言えぬ。そういう空気になって来なくては実行できない……と述懐していたものだ」と述べられている（豊田『最後の帝国海軍』一五五頁）。

しかし、逆に、特攻を命令すべきではないとしつつも、そうした希望を持っていたことが紛れもない事実であることをそうした回想は示しているし、何よりも、特攻作戦が軍上層部の正式な決定に基づいて行われたことは、もはや明らかである（前掲吉田・森『アジア太平洋戦争』二五八〜二六〇頁、右田千代「特

攻　やましき沈黙」、前掲NHKスペシャル取材班『日本海軍四〇〇時間の証言』）。

有名な神風特別攻撃隊の他にも、海軍ではさまざまな特攻兵器が開発・運用されていた。一九四三年の段階から、黒島亀人《くろしまかめと》や城英一郎《じようえいいちろう》などの何人かが特攻作戦の必要性を訴え始めており（防衛庁防衛研修所戦史室編『戦史叢書　大本営海軍部・連合艦隊〈六〉第三段作戦後期』朝雲新聞社、一九七〇年、三二一〜三二三頁）、一九四四年二月には、中央部が呉海軍魚雷実験部へ、後に「回天《かいてん》」と呼ばれる人間魚雷の試作を命じているのである（前掲『戦史叢書　大本営海軍部連合艦隊〈六〉第三段作戦後期』三二五〜三二六頁）。その他にも、震洋・震海・海龍・桜花等といった、多数の特攻兵器が中央部の命令によって開発・運用されており、一九四四年一〇月一日には、桜花を装備した体当たり専門の航空部隊である第七二一海軍航空隊が新設されている（前掲『戦史叢書　大本営海軍部連合艦隊〈六〉三段作戦後期』三四五〜三四六頁）。

海軍は、絶望的な戦局を打開するために、組織的に特攻作戦を立案・実施していった（前掲右田「特攻　やましき沈黙」）。そうした決定は、人命の尊重を前提としないがゆえにこそ可能となるものであった。

一九四五年三月末より、沖縄戦が開始され、日本軍の敗勢は濃厚であった。レイテ沖海戦で水上兵力のほとんどを失っていた海軍は、本土決戦に備え、当初は保有する艦艇と燃料を温存するつもりでいた。

戦艦大和の沈没

ところが、沖縄に迫るアメリカ軍に、海軍航空機で総攻撃をかけるという、「菊水作戦」と呼ばれた沖縄特攻作戦に、大和を含めた残余の水上艦艇も参加させようという意見が出てきた。中心となっていたのは連合艦隊参謀の神重徳《かみしげのり》であった。

そうした作戦には、当然のことながら、多くの反対意見が出された。たとえば、軍令部第一部長の富岡定俊《とみおかさだとし》は、「第一燃料がない。本土決戦は望むところではないが、もしやらなければならない情勢に立ち至った場合の艦艇燃料として、若干は残しておかなければならない」と主張して、水上特攻作戦に反対していたようである（防衛庁防衛研修所戦史室編『戦史叢書　大本営海軍部・連合艦隊（七）戦争最終期』朝雲新聞社、一九七六年、二七三〜二七四頁）。

だが、反対意見の多くが燃料に関することであったため、その点での合意が成立してしまうと、作戦が許可されてしまうことになる。燃料を片道分とすることで軍令部と連合艦隊司令部との間で合意が成立し、大和は沖縄に特攻することになった。連合艦隊司令長官の豊田副武は、「高速では片道の燃料しかない。帰つてはいかんとは言わない、燃料があつたら帰つて来い」としながら、「成功率は五〇%はないだろう、五分々々の勝算は難しい、成功の算絶無だとは勿論考えないが、うまくいつたら寧ろ奇蹟だ、という位に判断したのだけれど、急迫した当時の戦局において、まだ働けるものを使わずに残しておき、現地におる将兵を見殺しにするということは、どうしても忍び得ない。かと言つて勝目のない作戦をして追つ駆けに大きな犠牲を払うことも大変な苦痛だ。しかし、多少でも成功の算があれば、出来ることは何でもしなければならぬという心持で決断した」と考え、作戦を許可したと回想している（豊田『最後の帝国海軍』一七四頁）。連合艦隊司令長官が実施を主張し、燃料問題でも話のついている作戦が、実行されないわけがない。

図19　豊田副武

誰もが、この作戦が成功しないことを予想していた。右の豊田の回想からは、海軍が、甚大な犠牲が出ることを十分に認識したうえで、それでも作戦を続けることを選択したことがうかがえる。彼らは自分たちの手で戦争を止めることはできない。政治家の手で戦争が終結されない限り、いかに絶望的な局面でも、どのよ

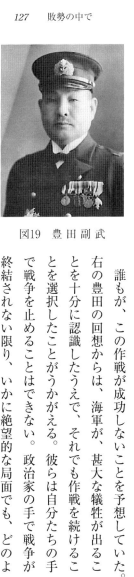

うな犠牲を出すことになろうとも、あらゆる手段を尽くして作戦を実施する。そこでは、人命の尊重は、立脚すべき前提とはならないのである。

沖縄水上特攻を指揮することになる第二艦隊司令長官の伊藤整一《いとうせいいち》は、七〇〇〇人の部下の命を理由に、当初作戦に反対していた。ところが、その説得に赴いた連合艦隊参謀長の草鹿龍之介が「一億総特攻のさきがけになってもらいたい」と説明すると、「そうか、それならわかった」と即座に納得したのであった（前掲『戦史叢書　大本営海軍部・連合艦隊（七）戦争最終期』二七五頁）。部下の命を理由に反対していた者でも、士気の鼓舞という作戦目的を提示されると、すぐにそれに基づいて作戦の可否を判断し、作戦を容認する雰囲気が、当時の海軍にはあったのだった。

結局、多大な国費と人員を投入して建造された、世界最大の戦艦大和は、一九四五年四月七日、鹿児島県坊ノ岬《ぼうのみさき》沖《おき》で、アメリカ軍航空機の攻撃を受けて、撃沈された。

沖縄特攻作戦の失敗によって、連合艦隊は完全に洋上行動能力を失い、以後、艦隊として行動することは無かった。連合艦隊参謀長として大和に乗り、第五航空艦隊司令長官として沖縄特攻作戦の指揮をとり、途中まで大和の護衛も担当していた宇垣纏は、大和沈没の日の日記に、次のように記している。「全軍の士気を昂揚せんとして反りて悲惨なる結果を招き痛憤復讐の念を抱かしむる外何等得る処無き無謀の挙と云はずして何ぞや」(前掲宇垣『戦藻録』四八八頁)。このような批判を海軍内部からすら受けることになる、大和特攻の成果は、本当にあったのだろうか。士気を高めるという目的から立案された作戦は、沖縄を救うどころか、かえって七〇〇〇名以上の犠牲を出したのであった。そうなることを、作戦の責任者たちは認識していながら、である。

終戦

海軍にとっての「政治」

東条内閣の倒閣

嶋田への不満

戦局が悪化してくると、海軍内部では首脳部への不満が高まっていった。当初、海軍内部では軍令部総長の永野修身が批判されていたようである。一九四四年一月七日に、近衛文麿の女婿で、高松宮宣仁《たかまつのみやのぶひと》の私設秘書である細川護貞《ほそかわもりさだ》が海軍大学校研究部の高木惣吉と会見した際、高木は「木戸内府辺りから首相に話されて、両統帥部の首脳者を更迭せしむるがよきと思ふ」と（細川護貞『細川日記』中央公論社、一九七八年、九二頁）、東条どころか嶋田すらも批判しておらず、軍令部総長の永野修身の更迭を主張していた。国務と統帥の分離というしくみのもとでは、作戦の責任を追及されるのは、当然のことながら統帥機関である軍令部ということになる。

だが、海軍では海相である嶋田繁太郎、そして、首相である東条英機にまで批判が向けられるようになった。その最大の要因は、嶋田が東条に、ひいては陸軍に追随していると海軍内でみられるようになったためである。

たとえば、一九四四年の二月には、航空機を製造するために必要なアルミニウム等の重要資材をどのように配分するのかという交渉が、陸海軍の中堅層レベルで暗礁に乗り上げていた。そのため、陸海軍の大臣と統帥部長の四者会談で妥協が図られることになったが、その結果として、海軍中堅層が満足できない数字が決定されると、戦局打開のためには永野ではなく嶋田の方を更迭しなければならないという雰囲気が生まれることになるのであった。陸軍に追随してばかりで、海軍の組織利益を主張できない嶋田が大臣である限り、海軍が十二分にその力を発揮できないと考えられたのである。

その後、嶋田への不満はさらに高まることになる。戦争指導の強化のために、首相兼陸相であった東条が参謀総長を兼任したことに倣い、海軍でも嶋田が海相のまま軍令部総長を兼任したことは、国務と統帥の分離という軍部内で長く維持されてきた伝統を崩す行為であるとみなされたうえ、陸軍への追随姿勢をより鮮明にしたように海軍の中堅層には映った。海軍省教育局長の高木惣吉をはじめとした海軍の中堅層や、当時の海軍首脳部の戦争指導に危機感を持っていた重臣であり海軍の長老でもあった岡田啓介《おかだけいすけ》は、互いに協力しながら、嶋田の更迭を目指していくことになる。

図20　岡田啓介

倒閣運動か海軍内刷新運動か

しかし、嶋田を替えることは、必ずしも東条内閣を倒閣しなければならないということではない。東条内閣における海軍の動きを倒閣運動とみるか、それとも単なる海軍内部の刷新運動とみるかは議論の分かれるところである。だが、一九四三年末あたりまでは、海軍内で東条内閣を打倒しなければならないと考えていたのは、海軍省調査課と外部有識者でつくる外郭団体的な集団であった政治懇談会だけであり、高木惣吉をはじめとして、海軍の大部分は東条内閣の打倒までもは考えていなかったと言えるであろう。

たとえば、当時軍令部に勤務していた高松宮宣仁は一九四四年三月末の時点では「作戦的ニ見テ今東条ヲカヘルコトハ考物」と述べていたし（前掲『高木惣吉　日記と情報』七二二頁）、高木も「決戦に臨んで政局の変更も困る」と（日記刊行会編『矢部貞治日記』銀杏の巻、読売新聞社、一九七四年、七一五頁）、五月の時点で発言している。

海軍の任務は、海軍作戦に限定されると海軍将校たちの多くは考えていた。彼らは、政治に介入せずに、限定された海軍作戦だけを遂行することを美徳と考えていたし、そもそも、政治そのものを嫌っていた者も多かった。彼らが嶋田を替えたいと考えていたのは、嶋田がトップでは戦局の挽回が望めないと判断したからであり、嶋田さえ替えることができれば十分なのである。むしろ、東条内閣そのものを替えるような事態は、不安定な国内の政治状況が戦局にも悪影響を及ぼすという状況を生み出しかねないため、戦局の挽回を目指す海軍が無闇に倒閣運動などを行うことはなかった。東条内閣の倒閣運動は、戦争という海軍の本来の任務の達成とは、多くの場合矛盾していたのである。

以上のように、東条内閣期に海軍が重視していたのは、自己の任務である戦局の挽回であった。海軍が自己の管掌範囲を海軍作戦に限定して考えていたことは、これからもしばしばみられることであり、多くの場合、海軍の態度の重要な背景となっているのであった。

倒閣運動と東条内閣の総辞職

しかし、海軍の運動も一九四四年六月二七日を境に、倒閣運動へと転換することになる。この日、海軍内部の嶋田更迭運動を倒閣運動と受け取った東条内閣側が、一斉に運動の担い手たちに圧力をかけたのであった。まず、重臣で海軍長老の岡田啓介には、首相である東条が自ら会見し、「海軍ノ若イ者共ガ島田ノコトヲカレコレ言フノハ怪シカラヌコトデハアリマセンカ。貴方ハ其等ノ若イ者ヲ押ヘテ下サルコトコソ至当デハナイカ」と、岡田の動きを批判した。また、岡田と連絡をとって活動していた高木へも、海軍次官の沢本頼雄が「政局ニ関シイロ〳〵流言ガ飛ブ此ノ際」であるから、岡田のところへの出入りを差し控えるようにと婉曲に注意を与えた。これに憤激した高木は、「若シ私ニ東条ニ好意ヲ持テトイフ意味デ御座イマシタラ私ニハ夫レハ出来マセヌ」と述べた（以上、前掲『高木惣吉　日記と情報』七四六〜七四八頁）。

東条内閣が嶋田更迭を目指す海軍内部刷新運動の担い手たちに圧力をかけたのは、嶋田が海相を辞職することになれば、内閣が存続できなくなると考えたからであり、東条内閣は政権を維持するために、嶋田を擁護しようとしたのであった。そのため、嶋田を更迭するには、海軍内部刷新運動の担い手たちは東条内閣をも倒さなければならなくなった。

これより少し前から、政界においても東条内閣を更迭すべきであるという議論が盛り上り始めた。六月にはサイパン島が陥落し、それによって日本本土がアメリカの爆撃圏内に入ったうえ、サイパン島を奪還できず、さらにはそれを諦めていく東条内閣に対し、以前から東条の政権運営に不満を抱いていた重臣は、連携して倒閣運動を展開するようになっていた。そうした重臣の倒閣運動の流れに、海軍の運動が合流し、東条内閣は総辞職することになったのであった。

ここで注意をしておかなければならないのは、諸勢力が東条内閣を倒閣する際に考えていた、その目的である。近衛文麿のグループのように、和平を念頭に置いていた集団もいることにはいたが、東条内閣を倒閣した勢力の大半は、戦局の挽回のために運動を展開していたのであった。そのため、東条内閣が小《こ》磯《いそ》国昭《くにあき》内閣に交替しても、戦争は継続されていくことになる。

小磯内閣での決戦の模索

米内の海相就任

東条内閣の倒閣は即座に和平交渉を開始するためのものではなかった。日本のほぼすべての政治主体は、できるだけ有利な条件で講和をするために、どこかで一度でも軍事的な勝利をおさめておきたいと考えていたのである。そのような考え方を、「一撃和平」論という。

できるだけ早い時期での和平を考えていた重臣の近衛文麿も、東条内閣末期の一九四四年七月八日に内大臣の木戸幸一へ、「岡田、末次、小林各大将の意見を聴くに、艦隊決戦には万々一の僥倖なしといえず、国内関係よりいうも今日直ちに和平をなすことは至難なり。即ち、最後の落着点は大体見透し得るも、国民に万やむことを得ずという諦めを懐か

図21　小磯国昭内閣

しむる必要上、艦隊決戦ぐらい実行する中間内閣の出現も致し方なきやも知れず」と語っており（『近衛日記』編集委員会編『近衛日記』共同通信社、一九六八年、五〇〜五一頁）、戦争の継続を消極的ながらも認めざるを得なかった。

そこで、海相には「海軍における信望に至っては全く圧倒的」と考えられていた元海相の米内光政が（前掲『近衛日記』九八頁）、予備役から現役に復帰することで就任するのであった。加えて、小磯を内閣首班に推薦することになる七月一八日の重臣会議では、枢密院議長の原嘉道が「軍人の一人に全責任を負へと云ふは無理なり。真に威望ある人の挙国一致内閣たるを要す。就ては五人位協同して御引受けすることにしては如何。卿等協力して内閣を組織せよと仰せあるが可ならん。此処に居らる丶五人に対し大命が下り、相互に首相を選び、協同一致して国政に当る、此の態勢を採らざれば、如何なる人でも一人にて引受けらる丶時勢にあらずと思ふ」と発言していたこともあり（前掲『木戸幸一日記』一一二二頁）、米内は副総理格として、小磯とともに参内して大命降下を受けるのであった。小磯内閣とは、いわば小磯と米内の連立内閣であった。

米内にとっての「政治」

「一撃和平」という、日本のほぼすべての政治主体が一致している方針は、当然のことながら米内も共有していた。米内は近衛から連立内閣の交渉を受けた際、「東条から入閣を勧誘せられた時、一切政治はやらないと言った手前、海軍大臣以外の大臣は受けられぬ。海軍ならやる自信がある。又、海軍大臣としては、おこがましいが、自分が最適任だ」と述べている（前掲『近衛日記』一〇一頁）。米内は他の大臣として「政治」を行うのではなく、海相として決戦に備えることを決意して連立内閣に同意していくのであった。

そのため、小磯内閣の次の鈴木貫太郎《すずきかんたろう》内閣において、「和平派」としばしば称される米内であるが、小磯内閣では和平工作を直接は行わないのであった。組閣直後、米内は小磯へ、「新内閣は戦争継続内閣であつて、休戦和平は次の内閣に委ぬべきだと思ふ」と述べている（小磯国昭自叙伝刊行会編『葛山鴻爪』中央公論事業出版、一九六三年、七八三頁）。

本来、海相は国務大臣である以上、「政治」を行う存在である。ところが、米内は自己の任務からその「政治」を除外して考え、自己の任務を軍事的な面に限定していた傾向が強い。そのような傾向は、「軍人は政治にかかわらず」としばしば表現される海軍軍人の規範意識の、ヴァリエーションの一つであろう。

官僚は、自己の管掌する範囲を限定することによって専門性を発揮できるのであるが、その代償として、視野は狭くなってしまう。「軍人は政治にかかわらず」という規範は時として軍部の政治介入を自制することにもなる。だが、小磯内閣期においては、米内が官僚的に自己の管掌範囲を限定し、海軍全体が本来の任務である軍事的挽回の模索に集中することによって、和平工作が海軍から動き出すことはなかったのであった。

海軍の終戦研究

東条内閣における海軍の倒閣運動は、和平工作を開始することを目標としたものではなく、戦局を挽回するためのものであったため、東条内閣が総辞職し、海相が交替すると、海軍は再び政治活動を沈静化させ、自己の本来の任務に立ち戻ることになる。海相である米内も小磯内閣では決戦を模索し、そのために和平工作は次期内閣に委ねる方針をとっていたため、小磯内閣期の海軍は軍事的な挽回を達成することに集中していた。

戦争末期の海軍の和平工作としては、高木惣吉の終戦研究が有名であるが、この動きもあくまでも「研究」にとどまるものであって、小磯内閣期には、その実現に向けた動きはほとんどとられていない。

それも、和平工作を次期内閣に委ねるという、米内をはじめとした海軍首脳部の方針があったためである。一九四四年八月二九日に、高木は海軍次官の井上成美に呼び出され、「戦局の後始末を研究しなけりゃならんが、こんな問題を現に戦争に打込んで仕事をしている局長に吩付《いいつ》けるワケにいかん。そこで大臣は君にそれをやって貰いたいとの意向だが差支えないか」と、終戦の研究を命じられ、高木が了承すると、井上は「このことは大臣と総長と私の外は誰も知っていない。部内にも洩れては不味《まず》いから君は病気休養という名目で、出仕になって貰う」と述べたのであった（高木惣吉『高木惣吉日記　日独伊三国同盟と東条内閣打倒』毎日新聞社、一九八五年、二九一〜二九二頁）。

「現に戦争に打込んで」いる人間に和平の意図を悟られ、士気が低下して、「一撃和平」のためには不可欠な軍事的勝利がおさめられないとなると、彼らからしてみれば本末転倒なのである。そのため、高木の和平の意図は秘匿され、小磯内閣においては、海軍から和平の動きは全く出てこなかった。高松宮宣仁が高木へ「戦争終末ノコトハ陰デコソコソヤル必要ハナイ」と述べた際も、高木は「作戦課ヤGF司令部ハ専心積極作戦ニ努力スベきであると、戦局への悪影響を懸念して反対していた（前掲『高木惣吉　日記と情報』七六五頁、GFは連合艦隊のこと）。

米内への海軍の支持

海軍内部では、戦局の挽回が求められていたからこそ、東条内閣の倒閣運動が展開され、嶋田首脳部に替わった米内首脳部もそれを追求していた以上、戦局が好転しないとなると、米内首脳部への不満は高まっていくことにもなりかねなかった。だが、台湾沖航空戦やレイテ沖開戦で思うような戦果を挙げることができなかったにもかかわらず、米内は鈴木貫太郎内閣に留任できた。

その最も大きな理由は、米内が陸軍に対抗して海軍の発言力を確保できていたためであろう。この時期、陸海軍の連携不足が戦局の悪化に拍車をかけているという認識から、陸海軍作戦・航空機・船舶の統一的な運用を目指して、陸軍から陸海軍統合問題が提起されていたが、米内はそれに徹底的に反対していたのであった。

その問題について、陸軍側は「本件ハ直チニ決定セヨ、之カ為ニハ陸軍航空ハ全部海軍ニ入レルモ可ナリ」と（前掲『機密戦争日誌』六八一頁）、大幅な譲歩をしてでも早期に実現させたいと考えていた。だが、米内は「大本営ハ陸軍部、海軍部ト別々ニ勤務スベキデハナク、同一場所ニ勤務スベキダト存ジマス」としつつも、「戦局ガ不利デアルカラ、陸海軍ヲ統合スルトイフコトハ不利ト考ヘマス」と天皇に上奏していた。米内がそのように考える理由は、「日本ガ大東亜ノ盟主トシテ立ツテ居ル間、海軍ハ絶対ニ必要デアツテ、之ヲ統合スルコトハ宜シクアリマセン。将来、日満支ブロックニ立籠ルコトニナレバ、海軍ノ重要性ハ若干減少スルト思ヒマス。又本土ノミニ立籠ルトナレバ、更ニ海軍ノ立場ハ考ヘナケレバナラヌト存ジマスガ、ソレハ其ノ時ニ研究スベキコトデアリマス」というものである（以上、前掲『高木惣吉　日記と情報』八一六〜八一七頁）。結局は、こうした米内の反対によって、陸海軍統合問題は実現しなかった。

無論、この時期に陸海軍を統合したからといって、日本が戦局を挽回できたとは思えないが、そうした戦局の挽回のための陸海軍統合の必要性を、「政治的には若干の効果あるべきも、軍事上は従来の儘にて差支なし」という論理で否定し（前掲『木戸幸一日記』一一八三頁）、海軍は、自己の組織の保全に努力した米内の政治力を高く評価したまま、戦術の幅を自ら狭めたのであった。

鈴木内閣の成立時、米内の留任を支持していたのは海軍だけではない。天皇や宮中グループもそれを支持していた。

小磯内閣の総辞職

小磯内閣期、天皇・宮中グループも「一撃和平」を目指しており、和平工作を考慮していたのは、実質的には小磯だけであった。小磯内閣では一九四四年八月に「今後採ルヘキ戦争指導ノ大綱」で、「帝国ハ現有戦力及本年末頃迄ニ戦力化シ得ル国力ヲ徹底的ニ結集シテ敵ヲ撃破」すると、決戦の方針を明確にしつつ、内閣としてではなく、主に小磯が個人的に和平を模索していたのであった。具体的には、スターリンと会ったことのある政治家・実業家の久原房之助《くはらふさのすけ》をソ連に派遣して和平交渉をさせようと計画したり、蔣介石《しょうかいせき》と連絡をとれる中国人政治家の繆斌《みょうひん》を日本に招致し、極秘に和平交渉を進めようとしたりしていた。

そうした小磯の動きに強く反発していたのが、小磯内閣の外相であった重光葵《しげみつまもる》であった。重光には外交を外相が一元的に管理することを強く求める傾向があり、自分の与り知らないところで和平交渉が行われていることに、強い不快感を示していたのであった（武田知己『重光葵と戦後政治』吉川弘文館、二〇〇二年、一五一〜一五六頁）。

一九四五年二月下旬、繆斌を極秘に東京に呼び寄せる件を小磯から相談された米内は、外相の重光と、陸相の杉山元《すぎやまはじめ》が同意しているのであれば構わないと回答していた（前掲『葛山鴻爪』八一四～八一五頁）。ところが、重光が反対していることがわかると、米内は「一国の総理が彼れの如きものを招きて談をするのは余りに無謀である」と小磯に述べ（伊藤隆・渡邊行男編『重光葵手記』中央公論社、一九八六年、四四九頁）、小磯からはその態度の豹変を「さういふ君の意見は今、始めて聞くね」と批判されたのであった（前掲『葛山鴻爪』八二七頁）。

本来、繆斌が信頼できるかどうかという点は、小磯の言うように、招致を相談した二月下旬の時点でなすべきもののはずであるが、米内はその判断を、重光の反対がわかってから、それに追随するかたちで行ったのであった。これには、外交分野の主管大臣である重光の判断をできる限り尊重しようとする、米内の姿勢が表れている。

このことが、米内を鈴木内閣に留任させる一助となっていたことは間違いない。天皇や内大臣の木戸幸一は重光の外交を支持しており（波多野澄雄『太平洋戦争とアジア外交』東京大学出版会、一九九五年、二六七～二六八頁、戸部良一「対中和平工作　一九四二―四五」『国際政治』一〇九、一九九五年、一一三～一一四頁）、三月下旬には「一撃和平」を目指して沖縄での戦果を期待している最中であったので（山田朗『昭和天皇の軍事思想と戦略』校倉書房、二〇〇二年、三二四頁)、そうした時期に、自らの支持する外相が反対しているような和平工作を小磯が行ったことにより、天皇・宮中グループの小磯に対する信頼は決定的に失墜した。

米内は小磯とともに連立内閣を組織していたのであるから、本来であれば小磯と政治責任を共有する必要があった。だが、小磯内閣総辞職の大きな要因の一つであった繆斌工作において、重光を支持して小磯に反対することで、結果的に米内は天皇・宮中グループから留任に反対されなかったのであった。鈴木内閣の組閣時、鈴木が木戸へ、「海軍大臣ニハ米内大将ヲ留任セシメ様ト存ジマスガ如何デセウ」と述べると、木戸は即座に同意し、米内の留任が簡単に決定している(前掲『高木惣吉　日記と情報』八四一頁)。

ここまで、東条内閣から小磯内閣にかけての経緯をみてきたが、戦局が悪化しているにもかかわらず、ほとんどの政治主体が追求していたのは、軍事的な挽回と、その戦果を基礎にした有利な講和であった。東条内閣が倒閣されたのも、戦局を挽回するためであったし、小磯内閣で和平がほとんど議論されず、また、和平を提起した首相の方が強く非難されたのも、多くの政治主体が「一撃和平」論をとっていたからである。

国家の重責を担っていると自覚する者が、いまだ打つべき手があると考えられる状況の中で、それをせずに不利な和平を選ぶことは、確かに難しい。甚大な犠牲を払いながら、なおも戦争を継続しようとするのは、当時の政治主体が、「これ以上犠牲を増やしてはならない」という意識から思考せずに、国家の利益をできるだけ確保しようという思考を共有していたからであった。戦争の惨禍を防ぐためには、そうした全く別の価値観に立たなければ不可能であること、自らの思考の前提を常により高位の視座から客観視しなければならないことを、以上の政治過程は我々に示している。

鈴木貫太郎内閣では和平を主張することになる米内であったが、米内のもとで海軍全体は、決戦と自己の発言力の確保を模索していた。繆斌工作についても、管掌範囲を重視する米内は重光の反対を理由に、きわめて否定的であった。そうした、自己の任務に固執する官僚的な思考様式は、米内の中にも確かに存在したのであった。

次に、当時の国家首脳部がどのように和平に舵《かじ》を切っていくのか、そして、それに官僚的な思考を持つ米内がどのような影響を及ぼすのかをみていきたい。

対ソ和平交渉

鈴木内閣の和平工作

小磯国昭内閣の後を受けて、一九四五年四月七日に発足した鈴木貫太郎内閣のもとで、八月一四日に日本は連合軍にポツダム宣言の受諾を通告した。だが、当初から鈴木内閣に無条件降伏が目指されていたわけでは決してない。当時の政治主体の多くは、交渉によるできるだけ条件の良い講和を模索していたのであり、無条件降伏など考えてもいなかった。和平交渉が不可能となって初めて、無条件降伏が選択肢として浮上するのである。ここでは、ポツダム宣言受諾の前提となる、鈴木内閣が進めていた和平交渉についてみていき、それに海軍がどのような影響を与えていたのかを紹介したい。

図22　鈴木貫太郎内閣

米内光政は鈴木内閣に海相として留任した。前述したように、米内は小磯内閣を決戦内閣、次期内閣を和平実行内閣とそれぞれ位置付けていたために、鈴木内閣となって和平を規定方針通りに実行しようと考えるものの、その前提であった有利な講和を結ぶための軍事的挽回はいまだに果たされていなかった。そのため、鈴木内閣の初期において米内は、陸相に就任した阿南惟幾《あなみこれちか》との間で対立を回避しつつ、沖縄で戦う陸軍が軍事的挽回を達成することを期待しながら、陸軍の和平に対する意図を探り出そうとするのであった。

内閣においても和平工作は徐々に話題

になり始めており、たとえば、五月一四日の最高戦争指導会議構成員会議（首相・外相・陸相・海相・参謀総長・軍令部総長で構成される会議）においては、ソ連に対してどのような外交を行うのかが議論された。四月の時点で、ソ連が日ソ中立条約を延長しないと通告してきたからである。会議では、①日ソ中立条約の延長、②ソ連の好意的中立の確保、③ソ連に和平の斡旋を依頼という、三段階の対ソ施策が議論された。日ソ中立条約の不延長の意思を示しているとはいっても、条約は残り一年間は有効であり、日本と戦争状態になく、和平を斡旋できるような大国は最早ソ連しか残されていないため、日本はソ連を仲介とした和平交渉に望みを託すことになるのであった。

しかし、その会議において、陸相の阿南と参謀総長の梅津美治郎《うめづよしじろう》は、戦局に対する楽観的な見通しを理由として、③のソ連を仲介とした和平交渉を発動することには反対し、戦争を継続して軍事的な挽回を達成することを主張したため、陸軍と外相の東郷茂徳の間で激論が戦わされることになった。

鈴木内閣初期の陸海軍関係

その会議において、米内は「陸軍大臣ノ話ハ少シ甘」いと感じながらも、その楽観的に感じる阿南の意見については反対を述べずに、「第三ハ抜キニシテ第一、第二デ行ツタラドウカ、話ノ進ミ工合デ第三ニ行ク」と、陸軍に配慮した提案をするのであった（前掲『高木惣吉　日記と情報』八六七〜八六八頁）。米内の陸軍に対する、妥協的な態度を看取できよう。

それは、米内もいまだに、軍事的挽回への望みを捨ててはいなかったからであった。その会議で、米内は「『ソ』連の好意的態度を誘致して石油等を購入」したいと希望し、「『ソ』連を軍事的経済的に利用し得る余地はない」とする東郷と、「決して手遅れではない」と主張する米内との間でも激論が戦わされているのであった（前掲『時代の一面』三三一頁）。

終戦のために、陸軍をどのように抑えるのかは、絶対に考えておかなければならない点であった。陸軍を過度に刺激することを避け、できるだけ反発を少なくしなければ、大きな混乱が生じ、日本の終戦は覚束ないと考えられていた。

そのために、米内はことあるごとに陸軍と対立する傾向のある海軍次官の井上成美を更迭している。井上の更迭の理由としては、米内が自分の後任大臣として井上を考えていたからとする説もあるが（たとえば、野村実「海軍首脳の終戦意見の対立」『政治経済史学』二〇〇、一九八三年）、大将の先任順や井上と陸軍との過度の対立から、井上が大臣となれる可能性は低かったと思われる。加えて、いまだに「一撃和平」を模索する米内に対して、井上は五月あたりでのできるだけ早期の和平を主張していた（井上成美伝記刊行会編『井上成美』同刊、一九八二年、四八〇〜四八一頁）。抜群の事務能力とその反骨精神を重宝して用いてきたものの、多方面との合意形成に不和を持ち込みかねない井上を、細心の注意を要する陸軍とのやりとりのために、米内は更迭するのであった。

同時期、陸相の阿南も、海軍に対して迎合的な態度をみせていた。たとえば、小磯内閣の末期から陸海軍間の対立の火種となっていた陸海軍統合問題について、阿南は米内に対して「陸海統合モ若イモノガ言フ様ニハ行カヌ」と述べ（前掲『高木惣吉　日記と情報』八四八頁）、陸軍内では「大局的ニ陸海統合ノ必要性ヲ説クニ止メ具体的問題ニ触レサルコト、セリ」と（前掲『機密戦争日誌』七一一頁）、この問題の棚上げを決めていた。また、入閣の際に陸軍戦備の充実を阿南は鈴木に対して主張していたが、「本土防衛トイフガ結局海上デヤラネバ駄目デアル」と述べて、海軍戦備の充実にも理解を示していたのであった（『高木惣吉　日記と情報』八四八頁）。おそらく、阿南のほうでも米内と同様、沖縄戦の最中に陸海軍が対立することを避けたのであろう。

阿南と米内との間で密接な連絡はなかったものの、陸軍で終戦工作に従事していた松谷誠から、「阿南陸相ヲ動カシ、梅津ヲ包囲スレバ乗ルト信ズ」という情報も海軍にはもたらされており（前掲『高木惣吉　日記と情報』八五六頁）、そのために米内は「陸軍大臣トハ是非二人デ篤ト懇談シテ見タイ」と（前掲『高木惣吉　日記と情報』八六五頁）、希望していた。そのような状況下では、阿南や梅津によって主張される陸軍の態度も、「他人ノ居ル前デ話ヲスル時ト、二人切リデ話ヲスル時トデハ可ナリ違ツタコトニナツテ、大勢ノ前ダト兎角議場心理ガ働クコトハ、私モソノ経験ガアル」と好意的に解釈され、「海軍ガ弱音ヲ吐クトカ何トカ言フコトヲ、世間ニ触レ廻サレルコトニナルト思フガ、国ヲ救フ為ニハ夫レモヤムヲ得ナイト思ツテ居ル」といったことまで（前掲『高木惣吉　日記と情報』八六八頁）、米内は考えるのであった。

木戸と米内の利害

しかし、そうした米内と阿南の妥協的な関係は、沖縄戦の敗勢が濃厚となるにつれて変化する。五月二九日には首里城が陥落し、軍司令部が占拠されており、日本の政治主体の多くが有利な講和のための前提として渇望していた、軍事的挽回の望みは絶たれた。

米内は五月半ば、軍務局長の保科善四郎《ほしなぜんしろう》に、「今沖縄へ一個師団増派できるかどうか。それで沖縄の奪回ができるかどうか、どうか研究してほしい。もし不可能となれば、なるべく早く終戦に持ち込みたい」と語っていた（保科善四郎『大東亜戦争秘史―失われた和平工作―』原書房、一九七五年、一八六頁)。このように、沖縄戦に最後の期待をかけていた米内は、沖縄戦の敗勢が明らかになることで、軍事的な挽回を諦めて、和平工作の発動を決意するようになる。鈴木内閣組閣当初はお互いに対立を回避していた阿南と米内であったが、米内が戦局への悲観的な見通しを述べ、それに対して阿南が楽観的な見通しを述べることで、五月末から対立が表面化しだした(下村海南『終戦記』鎌倉文庫、一九四八年、四四~四七頁)。

しかし、そのように阿南との間に意見対立が生じてしまうと、米内にとって和平交渉を推進することは難しくなる。和平交渉の発動のためには、陸軍の合意を得ることが絶対に必要であるのにもかかわらず、それが米内には調達しにくくなってしまうのである。

加えて、「自分は軍人と云ふものは作戦統帥のカラに入りて専念之に従ふを本旨とすと考へ居り、政治は文官が当るが至当なり」と考える米内は(前掲『木戸幸一日記』一一二二頁)、海相という立場にはありつつも、自らを「軍人」と考えるため、和平交渉の発動を提起するようなことは、自己の任務とは考えていなかった。

そうした米内と利害関係が一致したのが、内大臣の木戸幸一である。六月八日に、御前会議で「今後採ルベキ戦争指導ノ基本大綱」が決定され、戦争の継続が困難である中でも

図23　木戸幸一

「飽ク迄戦争ヲ完遂シ以テ国体ヲ護持シ皇土ヲ保衛シ征戦目的ノ達成ヲ期ス」ことが方針としてうたわれているその文書に、木戸は危機感を抱き、独自に「時局収拾対策試案」という和平案を起草することになるのであった。

しかし、内大臣である木戸は、確かに国家意思の決定に強い影響力を持つものの、国務に関する立案・上奏・執行の権利はすべて内閣にあり、方針を示すことはできても、最終的には内閣が同意しなければ、木戸の案は絶対に実現されないのである。政治において、官僚制が整備されていれば、権限を本来持たない者が策動することはきわめて困難である。関係閣僚全員との密接な意見調整を閣外から行うことは容易ではなく、閣内に木戸の方針に賛同し、意見調整を行う人物が、木戸には必要であった。

木戸と米内の協力

六月一三日、木戸と米内は会見を行い、その際に木戸が「時局収拾対策試案」を提示し、「此ノ際ＡＢカラ切リ出サセルコトハ無理ダ。政治家ガ悪ル者ニナルベキダ」と述べた上で、それを自ら担うと約束した木戸に対し、米内は全幅の賛意を示したのであった（前掲『高木惣吉　日記と情報』八八五頁、Ａは陸軍、

Bは海軍を指す)。自らを「軍人」と規定し、和平交渉は「政治家」しか提起できないと考える米内は、「政治家」である木戸が、その提起を行ったことに、和平実現の活路を見出したのであった。

以後、米内は木戸にとっては難しい、閣内における意見調整を行うことになる。そもそも、外相の東郷は自身の回想録でアピールするほど(前掲『時代の一面』三三七~三三八頁)、和平交渉への転換には積極的ではなく、一五日一〇時に木戸から「時局収拾対策試案」を提示されたときも、消極的な反応しか示さなかった。そこで、米内が一一時から首相である鈴木と、木戸の案の具体化について話し合い、その結果をさらにその日の午後に東郷と擂り合わせることで、和平交渉の転換を閣内でとりまとめていたのであった(前掲手嶋『昭和戦時期の海軍と政治』二一三~二一五頁)。

その後、木戸が阿南とも何とか合意に持ち込み、六月二二日に、ソ連に連合国との和平の斡旋を依頼するという、ソ連を仲介とした和平交渉の始動がようやく決定された。

以上のように、日本の和平交渉への転換は、木戸と米内の利害関係の一致によって生まれたものであった。「政治」と「軍事」の線引きに固執する、いわば官僚的な米内と、権威を背景にし得るものの、権限を持たない木戸とが、相互に依存していたのである。

そこからは、終戦の政治過程においても、「権限」という管掌範囲の問題が、大きな影響を及ぼしていたことがわかる。この問題は、平時においては政治の秩序を安定させる効果を発揮するものの、非常時においては、各政治主体がそれぞれの権限に固執することによって、意思決定を停滞させることになる。そうした構図は、後にみるように、ポツダム宣言受諾時においても顕著に現れるのであった。

ソ連の対日参戦

六月二二日の決定にもとづき、ソ連に和平交渉の仲介を依頼するため、箱根の強羅《ごうら》ホテルに疎開していた駐日ソ連大使のマリクのもとを、元外交官で重臣の広田弘毅《ひろたこうき》が訪れ、和平交渉の感触を探っていた。

さらに、一向に進まないソ連を仲介とした和平交渉に焦りを覚えた天皇の発意で、近衛文麿をソ連に特使として派遣し、スターリンと直接交渉させることになり、陸軍・海軍・外務省・宮中グループの中堅層の間で、極秘に交渉案が練られていた。

だが、ソ連はすでに、この年の二月にヤルタ会談で、ドイツ降伏後三ヵ月以内に対日参戦することを約束しており、日本の求めに応じて和平交渉を仲介するつもりなどなかった。現地で交渉を進める駐ソ日本大使の佐藤尚武《さとうなおたけ》は、早々にソ連が和平交渉にきわめて消極的であることを感じ取っていたが、東京では外相の東郷茂徳が、とにかく交渉を早急に進めるよう、佐藤に求めていた。

そんなおり、一九四五年八月九日未明に、極東ソ連軍が満州に侵攻した。その知らせはモスクワからの電報を含めたいくつかのルートで、九日の早朝には東郷らの知るところとなった。ここにおいて、ソ連を仲介とした和平交渉の望みは完全に絶たれたのであった。

八月六日にアメリカによって広島へ原子爆弾が投下されたこともあったため、それが日本にポツダム宣言の受諾を決意させたとする見解もあるが（たとえば、麻田貞雄「原爆投下の衝撃と降伏の決定」、細谷千博他編『太平洋戦争の終結―アジア・太平洋の戦後形成―』柏書房、一九九七年）、やはり日本にポツダム宣言の受諾を決意させた直接のきっかけは、ソ連の対日参戦であったと言える。

ソ連の対日参戦が判明した九日早朝になって初めて、東郷は鈴木・米内とポツダム宣言の受諾について合意することができたし、その後に開かれた最高戦争指導会議構成員会議でも、その前提で会議が進められていった。近年、原子爆弾の投下とソ連の対日参戦が日本の意思決定にどのような影響を与えたのかを検討した研究が発表されたが、そこでの結論でも、原子爆弾の投下が影響を与えたのは、時期の問題に過ぎず、方法の問題にまで影響を与えたのはソ連の対日参戦であったとされている（鈴木多聞「昭和二十年八月十日の御前会議―原爆投下とソ連参戦の政治的影響の分析―」『日本政治研究』三―一、二〇〇六年）。すなわち、原子爆弾により早急に戦争の終結を模索しなければならなくなったのは確かであったが、ポツダム宣言を受諾して、交渉による条件付の講和ではなく、無条件降伏を選ばざるを得なくなったのは、和平交渉の最後の望みを託していたソ連が日本と戦争状態に入ったことにより、打つべき手が完全に無くなったからであった。

小磯内閣においても戦争が継続されたのは、軍事的な挽回を達成することによって、少しでも有利な条件での講和をつかみ取るチャンスがあると考えられていたからで、鈴木内閣においてソ連を仲介とした和平交渉が模索されるようになるのは、沖縄戦での敗勢が決定的となり、軍事的な挽回を達成する見込みがほぼ無くなったからであった。そして、鈴木内閣においては、そのソ連を仲介とする和平交渉が継続中であると考えられていたため、ポツダム宣言を当初、「黙殺」していた。ソ連の対日参戦による、ソ連を仲介とする和平交渉構想の崩壊で、初めて日本に打つべき手が無くなったのである。前述したように、打つべき手があると考えられる状況下で、国家の重責を担っていると自認する者が、あえて不利な条件を選び取ることは、まずない。ソ連の対日参戦によって、日本にはようやく打つべき手がなくなり、ポツダム宣言の受諾を決めるのであった。

現代に生きる人々の多くは、アジア・太平洋戦争の悲惨な被害をみるに及んで、「なぜこのような犠牲を出しても戦争をやめなかったのか」という疑問に駆られる。それは、当時の政治主体の思考の出発点が、人命や基本的人権の尊重という我々の多くがとる思考の出発点とは根本的に異なっており、彼らは彼らなりの思考の前提に基づき、その場その場で可能な限り「最善」を尽くそうと行動するからであった。彼らは次にみるように、さらに六日間、彼らなりの「最善」を尽くすために議論を続けることになる。その間に多くの命が失われても、まだ彼らには議論しておかなければならないことがあるのだった。

ポツダム宣言の受諾

二つの論点

終戦の政治過程を扱ってきた研究の成果により、天皇・宮中グループがポツダム宣言の受諾を決意したのは、天皇中心の国家体制、いわゆる「国体」を護持するためであったということが、すでに明らかになっている。それは、軍首脳部をはじめとした当時の政治主体においても同様であり、日本の政治指導者たちは一致して、「国体護持」を目指していたのであった。ところが、そうした大まかな方針での一致があったとはいっても、ポツダム宣言受諾をめぐる論争は、六日もの間繰り広げられることになる。一致がありつつも議論が長引いていたのは、「国体護持」の他にも何か別の論点があり、そちらでの合意が得られなかったからであると考えるのが妥当である。

鈴木内閣期の陸相阿南惟幾、海相米内光政、参謀総長梅津美治郎、軍令部総長豊田副武といった軍首脳部は、国家の首脳として「国体護持」といった国家レベルの大きな問題を議論するものの、同時に、その執行にも責任を負う、いわば行政長官的な存在でもあり、ポツダム宣言受諾という大きな方針での一致があっても、その執行に何らかの不都合があると感じた場合には、執行に責任を持つためにも、強硬に自己の要求を主張するようになる。

そこで、最も重視されたのが、部下をどのように統制するのかということであった。ポツダム宣言の内容に現地軍をはじめとした部下が不満を持ち、それに反対するようでは、円滑な終戦は不可能となる。米内を除く軍首脳部は、終戦を執行するためにも、部下を抑えるのに最低限必要だと思われること、すなわち、①「国体護持」、②戦争犯罪人を日本で自主的に処罰すること、③日本軍の武装解除は自主的に行うこと、④保障占領の範囲を極力限定することの四つの条件をつけてポツダム宣言を受諾すべきであると主張し、①の「国体護持」だけを条件としようとする、首相の鈴木貫太郎、外相の東郷茂徳、そして、海相の米内との間に、深刻な意見対立が起きることになるのであった。

軍首脳部は、降伏自体に反対していたわけではない。八月一〇日〇時から開かれた御前会議で第一回の「聖断」(天皇による意思決定)が行われるまで、八月九日一〇時三〇分から開かれた最高戦争指導会議構成員会議、一四時三〇分から一時間程度の休憩を挟みつつ九日の深夜まで開かれた閣議という、非常に長時間の議論が繰り広げられることになったが、そこでの論点とは、ポツダム宣言を受諾するかどうかということではなく、どのように降伏するのかということであった。

論争の口火をきった九日の最高戦争指導会議構成員会議の様子を記録した外相の東郷の手記には、「『ポツダム』宣言の受諾を原則的に否認せんとする主張は何人からも出でなかつた。又国体の擁護に就いては絶対の要件として之を留保することには何人も異存なかつた」と記されており(前掲『時代の一面』三五七頁)、無条件降伏を勧告したポツダム宣言について、「国体護持」の条件をつけることについては参加者全員が一致しており、四条件を主張する米内以外の軍首脳部は、そこに記されている武装解除・保障占領・戦争犯罪人の処罰を含めて、その受諾を容認していた。彼らはそれに「自主的」や「範囲の極小」という条件をつけるかどうかということで議論を重ねていたのである。

そこで問題となるのが、何のために「自主的」や「範囲の極小」という条件が必要とされたのかということである。阿南・梅津・豊田の三人は、「国体護持」を確実に行うためにそうした条件を主張したのではない。「いくら命令を受けていても、指揮官も昂奮しているだろうから、命令は無視されて再びあちこちで交戦状態となる公算が極めて大きい」と（前掲『最後の帝国海軍』二〇八頁）、ポツダム宣言だけでは部下統制に責任をもてないと考えたことから、四条件を主張したのであった。つまり、米内以外の軍首脳部はあくまでも、自己の職務である部下統制を最後まで円滑に行うために、自主的武装解除や保障占領の範囲の極小化を求めていたのである。

執行責任の壁

最高戦争指導会議構成員会議の内容を閣議前の一三時三〇分に首相の鈴木から報告された内大臣の木戸幸一の日記には、会議の結論として、四条件を付して「ポツダム宣言を受諾することに決せり」と記されている（前掲『木戸幸一日記』一二二三頁）。実際には結論がでなかった会議の内容を、なぜか木戸は誤解していた。

しかし、注目されるのは、木戸は四条件について、「仕方がない」と述べていることである（前掲『細川日記』四二〇頁）。木戸はなぜ、四条件を付すことを「仕方がない」と感じたのであろうか。

この日、木戸のもとを小磯国昭内閣の外相であった重光葵が訪れ、天皇の「聖断」によって終戦を実現すべきであると主張していたが、それに対して木戸は、「君等は何でも彼でも、勅裁、勅裁と云つて、陛下に御迷惑をかけ様とする。一体政府や外務省は何をして居るか。陛下の勅裁で漸く平和終戦の途が付いた。之を如何措置して行く位は責任者たる政府でやるべきだ」と発言している（前掲『重光葵手記』五二三頁、傍線引用者）。この発言からは、木戸は決められた国策をいかに実行していくのかという、執行過程に関することについては、天皇・宮中グループが関与するべきではないと考えていたことがわかる。

そうした木戸の意見から考えて、四条件を「仕方がない」とする発言は、木戸が和平という国策の大綱を左右することはできても、その執行については、それを管掌する責任者たちの議論に委ねるしかないと考えていたために、四条件が必要であると終戦の執行の責任者によって判断されたのであれば、それを容認せざるを得なかったからなされたものと考えられる。木戸が一条件での受諾と「聖断」による意思決定を決意するのも、もともと「内閣も此方針に決定上奏し来りし場合には、陛下より此の点につき御指図を願ふ外なし」と（木戸幸一「戦争終結への努力」、木戸日記研究会編『木戸幸一関係文書』東京大学出版会、一九六六年、八五頁）、責任者である内閣が言い出す必要があると考えているところに、二一時に鈴木から「内閣の対策変更せられたる件」と（前掲『木戸幸一日記』一二二三頁）、天皇に伝えられたためであった。

そのように、執行レベルの問題についてはあえて介入せずに、その責任者たちに任せる方針をとっていた天皇・宮中グループは、ポツダム宣言受諾時の論争を、「軍部の意向を覆すこと」（前掲『重光葵手記』五二三～五二四頁）、つまり、政治的決定を優先した「聖断」によって、国務と統帥の分離を克服することで解決しようとすることになるのであった。

第一回「聖断」

丸一日かけた議論でも意見がまとまらず、鈴木が「聖断」による意思決定を決意して開催した一〇日〇時からの御前会議における天皇の発言には、そうした処理方針がよく表れている。

この会議において、確かに陸相の阿南は四条件を「皇室護持の手段として絶対条件である」と述べ（佐藤元英・黒沢文貴編『GHQ歴史課陳述録―終戦史資料』上巻、原書房、二〇〇二年、二五二頁）、四条件が「国体護持」のために必要であるという論理を出してきてはいるものの、同時に、阿南は「海外諸国ニアル軍隊ハ無条件ニ戈《ほこ》ヲ収メサルヘシ」（「保科善四郎手記」、外務省編『日本外交年表並主要文書』下巻、原書房、一九六六年、六二八頁）、軍令部総長の豊田は「国体護持のみを条件とする交渉は統帥部としては統率上憂慮している」と（前掲『GHQ歴史課陳述録』上巻、二五六頁）、やはり部下統制の必要をも強調するのであった。

しかし、前述したように、そうした執行過程に関する議論については、天皇・宮中グループは自らが関わってよいこととは認識していないので、第一回の「聖断」の中では、米内以外の首脳部が懸念する、執行過程のレベルである部下統制の問題は触れられなかったのであった。天皇は「九十九里浜ノ築城カ八月中旬ニ出来上ルトノコトテアツタカ、未タ出来上ツテ居ナイ、又新設師団カ出来テモ之ニ渡ス可キ兵器ハ整ツテ居ナイトノコトタ」と指摘し、米内以外の軍首脳部が主張する、主張の基礎であった戦局に対する楽観的な見通しを否定した上で、武装解除も「大局上」やむをえないと、軍部の要求が政治的決定に従属すべきであることを宣言することに重きを置いて発言をしている（前掲「保科善四郎手記」六三二頁）。

ポツダム宣言受諾時の論点について、これまでの研究のように天皇・宮中グループからみると、それは「国体護持」であったが、軍首脳部からみたとき、それは部下統制という、軍内部の執行過程の問題であった。それにもかかわらず、第一回「聖断」では、その執行過程に関する問題への言及は避けられた。そのため、阿南・梅津・豊田は執行方法について納得できておらず、第一回「聖断」は論争を終結させることができなかったのであった。

第二回「聖断」が必要とされた理由が、ここにある。

豊田と米内

さて、なぜ米内だけが軍内部の執行過程における問題を主張しなかったのだろうか。このポツダム宣言受諾時の政治過程において、一条件での受諾を主張したことが、多くの場合、米内を軍人の中では傑出した視野を持った人物として評価することにも、これまでつながってきた。豊田と米内との間には、同じ海軍軍人でありながら、どのような違いがあったのだろうか。

そもそも、米内は一条件での受諾を主張していたとはいっても、他の三条件が全く不要だと考えていたわけではない。九日一〇時からの最高戦争指導会議構成員会議の冒頭、「ポツダム宣言受諾ということになれば、たゞ無条件で鵜呑みにしてしまうか、それとも何か此方から希望条件を提示するか何れかになるだろうが、もし希望条件を附するとなれば、審議の対象となるのはこんな処ではあるまいか」と述べたうえで四条件を提示したのは、実は米内なのであった（前掲豊田『最後の帝国海軍』二〇六頁）。米内も四条件が必要と当初は考えていたということは、軍内部の秩序を維持するために考慮していた措置が、阿南・梅津・豊田と同様であったことを示している。

しかし、その直後に東郷が「国体の護持は別としても、それ以外の条件をつけることは交渉の円満な進捗に非常に妨害となるから、やめた方がよい」と（前掲豊田『最後の帝国海軍』二〇七頁）、外相として自己が管掌する、外交交渉上の困難を理由に反対すると、主管大臣を尊重する傾向の強い米内は、すぐに東郷の意見に従うのであった。

問題は、米内がなぜ東郷の意見に従うことができたのかということである。業務の分担を遵守し、それに行動を大きく規定されるということは、程度の差こそあれ、軍事官僚である豊田らにおいても同様であったはずであり、外交上の問題は極力外相の意見が尊重されるべきであるということは、彼らも当然理解していたはずである。だが、それでも豊田らが四条件を主張したのは、四条件がなければ、軍内部の秩序が保てず、円滑な終戦を実現することが不可能であると考えたからであった。

その一方で、米内だけは、「部内ガ分裂スルコトハ私ノ責任トシテマコトニ重大デアルガ、然シ悲観モシナイ。大シタコトニハナラヌト看テ居ル」と考えており（前掲『高木惣吉　日記と情報』九二六頁）、部下統制を憂慮する豊田とは違い、陸軍に比較して統制がとれてきたという海軍の伝統に期待し、事態を楽観視していたのであった。このように、米内には部下統制の具体策を欠いたまま、海軍の伝統を信じて、楽観的な行動をとる傾向のあったことは、第一次日独伊三国同盟交渉の際にもみられたことである（前掲手嶋『昭和戦時期の海軍と政治』六五頁)。つまり、米内が阿南・梅津・豊田と異なる態度をとれたのは、米内が傑出した政治的に広い視野を持てていたからというわけではなく、部下統制に対して楽観的であったからである。軍首脳部はほぼ同じ問題を意識しながら行動していたのであり、一条件派と四条件派の態度を分けていた要因は、単に見通しの問題に過ぎない。

第二回「聖断」の意味

八月一二日〇時四五分、日本のポツダム宣言受諾の通告に対する回答が、外交ルートでの正式なものよりも前に、サンフランシスコ放送で伝えられた。いわゆる「バーンズ回答」であるが、よく知られているように、外務省はバーンズ回答中の"From the moment of surrender the authority of the Emperor and the Japanese Government to rule the state shall be subject to the Supreme Commander of The Allied Powers who will take such step as he deems proper to effectuate the surrender terms."という部分の特に「subject to」の訳し方に苦慮し、本来は「従属する、支配する」と訳すべきところを、反発をさけるため、「降伏の時より天皇及び日本国政府の国家統治の権限は降伏条項の実施の為其の必要と認むる措置を執る連合軍最高司令官の制限の下に置かるるものとす」と意訳した(外務省編『終戦史録』新聞月鑑社、一九五四年、六三八〜六四二頁)。だが、同時にこの放送を受信していた参謀本部では、この部分を「従属サルヘキモノトス」と正確に翻訳しており〔参謀本部所蔵『敗戦の記録〔普及版〕』原書房、二〇〇五年、二八六頁〕、四条件派はここから、「国体護持」が保障されていないと主張することで、巻き返しをはかろうとするのであった。

一二日八時、梅津と豊田は帷幄上奏を行い、バーンズ回答について、「帝国ヲ属国化スルコトニ外ナラナイノテ御座イマシテ断シテ受諾致シ難」いと主張することで、新たに生じたバーンズ回答の解釈という問題から話を始めておきながら、以前からの主張である「全陸海軍ノ武装解除」や「日本国内ニ於ケル連合国軍ノ駐屯」については、いずれも受諾しがたいものであるという主張を再び展開したのであった〔前掲『敗戦の記録』二八八頁〕。バーンズ回答で生じる論点とは、ポツダム宣言で「国体護持」が可能かどうかというものであるはずだったが、四条件派の軍首脳部が実際には部下統制の問題を主張していたことは、彼らがその点で第一回の「聖断」には納得していなかったことを示している。

これについて、米内は激怒し、豊田を強く叱責したが、その際に豊田は、「敵側ノ条件デハ統率上甚ダ困ル」と考えたために上奏に及んだと釈明した〔前掲『高木惣吉　日記と情報』九二六頁〕。米内以外の軍首脳部は、部下統制の問題に常に行動を規定されていたのであった。

その後、閣僚懇談会や最高戦争指導会議構成員会議、閣議といった場で議論がなされたものの、四条件派は部下統制のための要求を訴え続けた。特に、閣議で陸相の阿南惟幾がそれを強く主張し、内閣の合意を得ることを妨げていた。そのことは、本来であれば、閣内不意一での内閣総辞職を引き起こしかねないものであった。

ポツダム宣言を受諾するという、大まかな方針では一致していながら、その執行の方法というレベルで対立が起きてしまうと、帝国憲法体制下における国家意思決定機能は麻痺してしまう。各大臣が、独占的な権限を持つ執行過程における事項は、他の大臣ばかりでなく、国策レベルでの決定へ時には介入する天皇・宮中グループにとっても、介入を控えざるを得ない問題であった。閣内での合意を調達できない場合、内閣が総辞職して、新しい内閣でその調達を目指すことになるが、その選択肢も、切迫した状況の中で選べないとなると、日本の国家首脳部たちの打つ手はなくなってしまう。

このあたりで木戸は、「国務のことは凡《すべ》て本当ならば閣議で纏めるのですが当時は閣議で決議を強いてとるとすると内閣は瓦解する」という、国家意思決定機能麻痺の深刻な段階に気付いたと思われ、第二回御前会議開催のイニシアティブをとるのであった（前掲『GHQ歴史課陳述録』上巻、二一八頁）。

図24　御前会議

一四日一一時からの第二回御前会議で天皇が下した「聖断」の論点は、以下の三点である（以下の引用は、前掲下村『終戦記』一五〇〜一五一頁）。まず、「世界の現状と国内の事情とを充分検討した結果、これ以上戦争を継続することは無理だと考へる」と述べ、第一回「聖断」同様、戦局への楽観的見通しを否定した。そして、天皇は「国体問題に就て色々疑義があると云ふことであるが、私は此回答文の文意を通じて先方は相当好意を持つて居るものと解釈する。（中略）此際先方の申入を受諾してもよろしいと考へる」と述べ、前回の「聖断」には存在せず、今回の議論の発端となっていた、ポツダム宣言（及びバーンズ回答）によって、「国体護持」が貫徹できるかという問題について、可能であるとの見解を示した。

注目すべきは第三点であり、「陸海軍の将兵にとつて武装の解除なり保障占領と云ふ様なことは誠に堪へ難い事で夫等《それら》の心持は私には良くわかる」が、大局上それもやむを得ず、そのために「必要あらば自分が親しく説き諭してもかまはない」とまで述べ、四条件派が最も憂慮する、執行方法のレベルに属する部下統制の問題にまで踏み込んだ決定をなし、天皇みずからが関与するという独自の部下統制方法を提示することにより、四条件派を説得しようとしたのであった。天皇もこの段階で、問題の本質と唯一の解決策にようやく気が付いたのであった。

ポツダム宣言受諾時の政治過程において、ソ連の対日参戦によって実質的には無条件降伏しか選択肢がなかったにもかかわらず、その決定には六日間もの長い議論が必要であった。さらに、そこでの中心的な論点は、「国体護持」という問題ですらなく、いかに部下を統制するのかという、執行レベルの問題であった。官僚としての意識が、そうした状況をもたらすのであった。

敗戦に何を学ぶか――エピローグ

思考の出発点

現代的な価値観に基づく我々は、アジア・太平洋戦争においてなされたさまざまな意思決定の過程と結果を眺めたとき、それを愚かなものとして批判する。だが、当時の政治家や軍人たちは、当然のことながら、最高の教育を受けて養成された国家のエリートであり、彼らは局面ごとに「合理的」な意思決定を目指していたはずである。それにもかかわらず、悲劇的な結末が待っていたのは、そもそもの前提、つまりは依拠する思考の出発点に、問題があったからであると言える。ある前提の中で、いかに合理的な決定を繰り返したとしても、前提自体に問題があれば、出てくる結論はおかしなものとなりかねない。

プロローグで紹介したように、パラドックスとは、正しそうにみえる前提から出発しており、証明の一文一文には、なんらおかしなことがないのにもかかわらず、証明を終えて全体を眺めたとき、そこに現れる結論が不合理であるという現象のことを言う。本書でみてきたアジア・太平洋戦争における海軍将校の意識は、まさしくそうしたパラドックスのようなものであった。

我々が彼らの踏んだようなパラドックス的状況を回避するためには、自らの立脚する価値観を常に再点検していくしかない。アジア・太平洋戦争における海軍将校たちの思考過程をみていくと、いかに局面ごとに合理的な意思決定を行ったとしても、枠組み事態に問題があれば、結果は悲劇的なものになることを示している。我々も、合理的な決定をしているつもりであっても、そもそもの前提に問題があれば、結果は必ずしも保証されないのであるから、立脚する価値観が、議論の枠組みそのものが、本当に正しいのかどうか、より尊重すべき価値は存在しないのかを、問いかけ続けるしかないのである。

官僚制の持つ落とし穴

現代社会において、基本的人権や人命の尊重、国民の福利厚生の増進といった価値観は、第一義的なものとして戦前よりもはるかに多くの人に認知されている。では、現在の政治家や官僚は、戦前と同じような官僚的な思考を前提とすることもなく、そうした思考によって、戦争を決定することなどないと、言い切れるのだろうか。国民である我々は、人命を軽んじるような思考で決定される戦争を絶対に容認しないと、はたして本当に断言できるのだろうか。

本書でみてきたアジア・太平洋戦争時の政治家や官僚、軍人がたどった思考の道筋は、現在においてもなされ得るものである。改善されているとはいえ、官僚制は依然としてこの国の統治を担っているし、官僚制なくして、それは成り立たない。そして、官僚制は、本書でみてきたようなパラドックス的な状況を生み出す思考を、自然と政治家や官僚にとらせるのである。

官僚制をなくすことなど、できるわけはない。官僚とはある分野におけるスペシャリストであり、近代社会において細分化・高度化・複雑化する各分野を、効率よく動かすために不可欠な存在であった。現代社会ではなおのことそうである。広い視野を持った人材は貴重であり、養成されなければならないが、それでもやはり、官僚はスペシャリストであってもらわなくては困るのだ。

組織利益の追求といった行為は確かに官僚制の弊害であるが、同時に、それは多くの場合、ある政策を執行するための責任と表裏の関係にあるので、組織利益を追求しようとする官僚たちにそれを思いとどまらせることなど、彼らの立場からすれば、執行責任を放棄するよう要求されることとほぼ同義となる。よって、高度に専門化した官僚制のメリットを享受しようとするのであれば、局部的な利益を追求する官僚的な思考を根絶することは、ほとんど不可能となる。

そうであるならば、我々に必要なのは、官僚制が生み出しかねない状況がいかなるものであるのかを理解しておき、そのような最悪の状況に陥らないように監督することである。本書でみてきたような、官僚的な思考を前提とする海軍将校たちの事例を教訓とすることで、より高位の価値観が模索され、それによって戦争が回避されることにつながればと願っている。

知を築くために

歴史とはすべて、一過性のものである。過去と同じ状況というものは、未来において決して発生しない。人、環境、技術、その他ありとあらゆる膨大な数の条件が過去と同じになることはあり得ず、そのため、現代において直面する問題と同じような事例を過去に求めて、その歴史の結果の好悪で態度を決定しようとしても、どこかで何かの条件が異なっており、期待通りの結果は得られないことが多い。そうした皮相な歴史の利用は、歴史を教訓化しているとは言いがたい。

たとえば、戦争を回避したいと考えるとき、日米交渉の経緯を確認し、戦争へと歩を進めることになった幾つかのターニングポイントと同じような状況を回避しようと集中することに、一体どれほどの意味があるのだろうか。日本が身を置く国際的な枠組みも、国際環境も、日本の国力や現代人のものの考え方も、すべてが過去とは異なっている。そうした中で、過去と似たような状況すら発生しないかもしれないし、戦争への道筋をそのように限定して考えてしまい、その点にだけ注意を向けてしまうと、それとは全く違った道筋で、いつの間にか戦争は我々の目の前に立っているかもしれない。

歴史とは、思考の材料である。過去にあったことを明らかにするだけではなく、いかにそこから意味ある知（必ずしもそれは有用という意味ではない）を取り出すのかが重要である。戦争を回避したいと考えて一九四一年の政治過程を再検討するのであれば、そこでなされていた行動を類型化したり、そこには戦争をもたらすどのような構造が存在していたのかを考えたりし、そのうえでそうしたことを回避して、初めて我々は戦争に至る道筋の一つを消すことができる。過去にあったことを知っているだけでは、決して過去のあやまちを回避することはできないのである。

本書が海軍将校の意識を材料に、アジア・太平洋戦争という歴史から取り出した教訓は、あくまでもただ一つのものでしかなかった。まだまだ、取り出せる教訓、取り出されなければならない教訓は、たくさんあるはずである。

あとがき

人生で最初に読んだ日本近代史に関する本は、確か、本書でも引用した、阿川弘之『井上成美』（新潮社、一九八六年）であったかと思う。当時私は高校二年生で、井上成美が私の母校である宮城県仙台第二高等学校の前身である仙台第二中学校の出身であったために、日本史の授業中に担当の先生が紹介され、たまたま、それを父が持っていたため、借りて読んだのであった。紆余曲折があり、このような海軍将校についての本を上梓することになろうとは、実に奇縁である。ちなみに、父から借りた本は、いまだにちゃっかりと私の本棚に収まったままである。父の本棚には、かわりにこっそりと、本書を忍ばせておきたい。

海軍を研究するようになってから、阿川氏の『井上成美』で描かれた海軍像とは違い、海軍の負の側面を強調する見解にも数多く接した。そうした海軍善玉論・悪玉論は両方とも、海軍将校たちの行動そのものを評価している場合が多く、なぜそうした行動を海軍がとったのかが腑に落ちなかった。本書では、その点を明確にしたつもりである。

本書のタイトルである『海軍将校たちの太平洋戦争』とは、実のところ、私がつけたものではない。前著である『昭和戦時期の海軍と政治』（吉川弘文館、二〇一三年）をもとに、歴史文化ライブラリーに執筆をしないかというお誘いを受けた際に、担当の永田伸氏より提案されていた仮タイトルを、そのまま拝借したものである。私は普段、「アジア・太平洋戦争」という言葉を使うことが多いので、最初はタイトルにもその語句を使おうかと思ったのだが、すぐに考え直してやめた。当時の海軍将校にとって、明らかに中国大陸での活動は二次的なものに過ぎず、彼らの思考の中心を占めていたのは、やはり太平洋でのアメリカとの戦争であった。本書は海軍将校たちの意識に着目することで、彼らの行動の背景や理由を説明し、歴史の中に位置づけようという試みであり、そのため、「太平洋戦争」という語句の方が、本書の主旨をより正確に反映することになると考えたからである。

本書は戦争の渦中にあった人たちの考え方を確認することによって、そうした考え方を我々が回避できれば、という願いから成り立っている。執筆のお誘いをいただいてから、職場である福井工業高等専門学校において、授業や部活動の合間に本書の原稿を書いていた。少々の不安を抱えつつも、将来の夢や希望を嬉々として語る本校の学生と接する中で、戦争を起こしてはならない、彼らの未来を我々大人の手で台無しにしてはならないと強く感じた。本文中でも述べたが、本書がこれからの平和に少しでも役立てばと願っている。

二〇一四年二月三日

手嶋泰伸

参考文献

未刊行史料

「沢本頼雄海軍大将業務メモ（叢一）」防衛省防衛研究所図書館
「沢本頼雄海軍大将業務メモ（叢二）」防衛省防衛研究所図書館
「沢本頼雄海軍大将業務メモ（叢三）」防衛省防衛研究所図書館
「嶋田繁太郎・小林躋三両海軍大将回想」防衛省防衛研究所図書館
「嶋田繁太郎大将日記（昭和十六年）」防衛省防衛研究所図書館
「嶋田繁太郎大将備忘録　第五　支那方面艦隊司令長官海軍大臣　自昭和十六年四月至十九年五月」防衛省防衛研究所図書館
「中原義正日記　四／一一」防衛省防衛研究所図書館

著書・論文・刊行史料等

阿川弘之『井上成美』新潮社、一九八六年
麻田貞雄『両大戦間の日米関係　海軍と政策決定過程』東京大学出版会、一九九三年
麻田貞雄「原爆投下の衝撃と降伏の決定」、細谷千博他編『太平洋戦争の終結―アジア・太平洋の戦後形成―』柏書房、一九九七年

池田清『海軍と日本』中央公論社、一九八一年
池田清「日本の対英戦略と太平洋戦争」、細谷千博編『日英関係史　一九一七〜一九四九』東京大学出版会、一九八二年
伊藤隆編『高木惣吉　日記と情報』みすず書房、二〇〇〇年
伊藤隆・渡邊行男編『重光葵手記』中央公論社、一九八六年
井上成美伝記刊行会編『井上成美』同刊、一九八二年
ヴァルド・フェレッティ著、小林勝訳「海軍を通じてみた日伊関係―一九三五〜四〇―」『日本歴史』四七二、一九八七年
宇垣纏『戦藻録　大東亜戦争秘記』原書房、一九六八年
大井篤『海上護衛戦』日本出版協同、一九五三年
NHKスペシャル取材班『日本海軍四〇〇時間の証言　軍令部・参謀たちが語った敗戦』新潮社、二〇一一年
緒方竹虎『一軍人の生涯―回想の米内光政―』文芸春秋新社、一九五〇年
海軍大学校「陸海軍人気質ノ相違―主トシテ政治力ノ観察―」『軍事史学』一三―四〜一四―一、一九八九年
外務省編『終戦史録』新聞月鑑社、一九五四年
加藤陽子「第一次日独伊同盟交渉」、海軍歴史保存会『日本海軍史』第四巻、第一法規出版、一九九五年

木戸幸一「戦争終結への努力」、木戸日記研究会編『木戸幸一関係文書』東京大学出版会、一九六六年
木戸幸一著、木戸日記研究会校訂『木戸幸一日記』東京大学出版会、一九六六年
草鹿龍之介『聯合艦隊　草鹿元参謀長の回想』毎日新聞社、一九五二年
軍事史学会編『防衛研究所図書館所蔵　大本営陸軍部戦争指導班　機密戦争日誌』錦正社、一九九八年
小池聖一「海軍は戦争に反対したか」、藤原彰・今井清一・宇野俊一・粟屋憲太郎『日本近代史の虚像と実像三　満州事変～敗戦』大月書店、一九九九年
小磯国昭自叙伝刊行会編『葛山鴻爪』中央公論事業出版、一九六三年
「近衛日記」編集委員会編『近衛日記』共同通信社、一九六八年
近衛文麿『平和への努力』日本電報通信社、一九四六年
坂口太助『太平洋戦争期の海上交通保護問題の研究―日本海軍の対応を中心に―』芙蓉書房出版、二〇一一年
佐藤元英・黒沢文貴編『GHQ歴史課陳述録―終戦史資料』上巻、原書房、二〇〇二年
参謀本部所蔵『敗戦の記録〔普及版〕』原書房、二〇〇五年
参謀本部編『杉山メモ（上）〔普及版〕』原書房、二〇〇五年
下村海南『終戦記』鎌倉文庫、一九四八年
新名丈夫編『海軍戦争検討記録会議』毎日新聞社、一九七六年
鈴木多聞「昭和二十年八月十日の御前会議―原爆投下とソ連参戦の政治的影響の分析―」『日本政治研究』三-一、二〇〇六年

高木惣吉『自伝的日本海軍始末記―帝国海軍の内に秘められたる栄光と悲劇の事情―』光人社、一九七一年
高木惣吉『高木惣吉日記　日独伊三国同盟と東条内閣打倒』毎日新聞社、一九八五年
田中宏巳「海軍各種委員会の定量的研究」『日本歴史』五九〇、一九九七年
武田知己『重光葵と戦後政治』吉川弘文館、二〇〇二年
長幸男「アメリカ資本の満州導入計画」『日米関係史　開戦に至る一〇年（一九三一―一九四一年）三　議会・政党と民間団体』東京大学出版会、一九七一年
辻清明『新版　日本官僚制の研究』東京大学出版会、一九六九年、旧版は一九五二年
辻泰明・NHK取材班『幻の大戦果　大本営発表の真相』日本放送出版協会、二〇〇二年
手嶋泰伸『昭和戦時期の海軍と政治』吉川弘文館、二〇一三年
東郷茂徳『時代の一面―東郷茂徳外交手記―〔普及版〕』原書房、二〇〇五年
戸部良一「対中和平工作　一九四二―四五」『国際政治』一〇九、一九九五年
豊田副武『最後の帝国海軍』世界の日本社、一九五〇年
日記刊行会編『矢部貞治日記』銀杏の巻、読売新聞社、一九七四年
野村実「海軍首脳の終戦意見の対立」『政治経済史学』二〇〇、一九八三年
野村実「海軍の対米開戦決意」『史学』五六-四、一九八六年
秦郁彦編『日本陸海軍総合事典〔第二版〕』東京大学出版会、二〇〇五年
波多野澄雄『太平洋戦争とアジア外交』東京大学出版会、一九九五年

原田熊雄述『西園寺公と政局』第七巻、岩波書店、一九五二年
原田熊雄述『西園寺公と政局』第八巻、岩波書店、一九五二年
防衛庁防衛研修所戦史室編『戦史叢書　海軍捷号作戦(一)　台湾沖航空戦まで』朝雲新聞社、一九七〇年
防衛庁防衛研修所戦史室編『戦史叢書　大本営海軍部・連合艦隊(六)　第三段作戦後期』朝雲新聞社、一九七〇年
防衛庁防衛研修所戦史室編『戦史叢書　海軍捷号作戦(二)　フィリピン沖海戦』朝雲新聞社、一九七二年
防衛庁防衛研修所戦史室編『戦史叢書　大本営陸軍部大東亜戦争開戦経緯(五)』朝雲新聞社、一九七四年
防衛庁防衛研修所戦史室編『戦史叢書　大本営海軍部・連合艦隊(二)』朝雲新聞社、一九七五年
防衛庁防衛研修所戦史室編『戦史叢書　大本営海軍部・連合艦隊(七)　戦争最終期』朝雲新聞社、一九七六年
防衛庁防衛研修所戦史室編『戦史叢書　大本営海軍部大東亜戦争開戦経緯(二)』朝雲新聞社、一九七九年
保科善四郎『大東亜戦争秘史—失われた和平工作—』原書房、一九七五年
細川護貞『細川日記』中央公論社、一九七八年
右田千代「特攻　やましき沈黙」、前掲NHKスペシャル取材班『日本海軍四〇〇時間の証言　軍令部・参謀たちが語った敗戦』
森茂樹「松岡外交における対米および対英策」『日本史研究』四二一、一九九七年

森茂樹「第二次日蘭会商をめぐる松岡外相と外務省」『歴史学研究』七六六、二〇〇二年

森茂樹「大陸政策と日米開戦」、歴史学研究会・日本史研究会編『日本史講座九　近代の転換』東京大学出版会、二〇〇五年

森茂樹「東郷茂徳　『親ソ派』外交官の軌跡」、佐道明広・小宮一夫・服部龍二編『人物で読む現代日本外交史　近衛文麿から小泉純一郎まで』吉川弘文館、二〇〇八年

森山優『日米開戦の政治過程』吉川弘文館、一九九八年

山田朗『昭和天皇の軍事思想と戦略』校倉書房、二〇〇二年

吉田昭彦「戦争指導から見たミッドウェー作戦」、近藤新治編『近代日本戦争史　第四編　大東亜戦争』同台経済懇話会、一九九五年

吉田裕・森茂樹『戦争の日本史二三　アジア・太平洋戦争』吉川弘文館、二〇〇七年

W・S・チャーチル著、佐藤亮一訳『第二次世界大戦』三、河出書房新社、二〇〇一年

David Evans and Mark R. Peattie “KAIGUN : Strategy, Tactics, and Technology in the IMPERIAL JAPANESE NAVY, 1887–1941”, Annapolis, 1997

「和蘭本国が中立を侵犯せらるる場合の蘭印対策」、土井章監修『昭和社会経済史料集成』第九巻、巌南堂書店、一九八五年

「経過日誌」、角田順解説『現代史資料一〇　日中戦争（三）』みすず書房、一九六四年

「保科善四郎手記」、外務省編『日本外交年表並主要文書』下巻、原書房、一九六六年

「日独伊問題取扱経緯」、土井章監修『昭和社会経済史料集成』第七巻、巌南堂書店、一九八四年

著者紹介

一九八三年、宮城県に生まれる
二〇〇六年、東北大学文学部卒業
二〇一一年、東北大学大学院文学研究科博士課程後期修了
現在、福井工業高等専門学校一般科目教室助教、博士(文学)

主要著書・論文
『昭和戦時期の海軍と政治』(吉川弘文館、二〇一三年)
「平沼騏一郎内閣運動と海軍」(『史学雑誌』一二一-九、二〇一二年)

歴史文化ライブラリー
383

海軍将校たちの太平洋戦争

二〇一四年(平成二十六)八月一日　第一刷発行

著　者　手《て》嶋《しま》泰《やす》伸《のぶ》
発行者　吉川道郎
発行所　株式会社 吉川弘文館
東京都文京区本郷七丁目二番八号
郵便番号一一三—〇〇三三
電話〇三—三八一三—九一五一〈代表〉
振替口座〇〇一〇〇—五—二四四
http://www.yoshikawa-k.co.jp/
印刷＝株式会社 平文社
製本＝ナショナル製本協同組合
装幀＝清水良洋・宮崎萌美

歴史文化ライブラリー

1996.10

刊行のことば

現今の日本および国際社会は、さまざまな面で大変動の時代を迎えておりますが、近づきつつある二十一世紀は人類史の到達点として、物質的な繁栄のみならず文化や自然・社会環境を謳歌できる平和な社会でなければなりません。しかしながら高度成長・技術革新にともなう急激な変貌は「自己本位な刹那主義」の風潮を生みだし、先人が築いてきた歴史や文化に学ぶ余裕もなく、いまだ明るい人類の将来が展望できていないようにも見えます。

このような状況を踏まえ、よりよい二十一世紀社会を築くために、人類誕生から現在に至る「人類の遺産・教訓」としてのあらゆる分野の歴史と文化を「歴史文化ライブラリー」として刊行することといたしました。

小社は、安政四年(一八五七)の創業以来、一貫して歴史学を中心とした専門出版社として書籍を刊行しつづけてまいりました。その経験を生かし、学問成果にもとづいた本叢書を刊行し社会的要請に応えて行きたいと考えております。

現代は、マスメディアが発達した高度情報化社会といわれますが、私どもはあくまでも活字を主体とした出版こそ、ものの本質を考える基礎と信じ、本叢書をとおして社会に訴えてまいりたいと思います。これから生まれでる一冊一冊が、それぞれの読者を知的冒険の旅へと誘い、希望に満ちた人類の未来を構築する糧となれば幸いです。

吉川弘文館

〈オンデマンド版〉
海軍将校たちの太平洋戦争

歴史文化ライブラリー
383

2022年（令和4）10月1日　発行

著　者　手《て》嶋《しま》泰《やす》伸《のぶ》
発行者　吉川道郎
発行所　株式会社　吉川弘文館
〒113-0033　東京都文京区本郷7丁目2番8号
TEL　03-3813-9151〈代表〉
URL　http://www.yoshikawa-k.co.jp/

印刷・製本　大日本印刷株式会社
装　幀　清水良洋・宮崎萌美

手嶋泰伸（1983～）

ISBN978-4-642-75783-6